「ふ～ん」が「これ欲しい！」に変わる

売れるコピー
言い換え図鑑

みんなのコピー 代表　大橋一慶

ワニブックス

はじめに

この本で手に入るのは100の売れる言葉ではありません。売れる言葉を、無限に生み出す方法です

「どうすれば、もっとたくさんの人に読んでもらえるか?」

「どうすれば、もっとたくさんの人に求めてもらえるか?」

SNSやブログ、ホームページ、メール、LINE、チラシなどで文章を書くとき、あなたも悩んだことがあるはず。


私は、〝売れる言葉作りの専門家〟として、そんな悩みを解決し続けてきました。案件数で言えば1000件以上。ちょっとした言葉の違いで、売り上げが2倍変わったことも何度もあ

ります。

このような経験があるからこそ、ハッキリ言えることがあります。

それは、言葉で損をしている人が、あまりにも多いということ。あなたの素晴らしい商品やサービスの魅力が、消費者にまったく伝わっていないのです。

悔しいですよね。でも、ご安心ください。本書は、そんなあなたの役に立ちたくて書きました。言葉で損をしている人を救うために、心を込めて書きました。あなたの努力や情熱は、もっと報われるべきです。

最初に、残念なことをお伝えします

この本を読んでも、売れる言い換え言葉は、100個しか手に入りません。

売れる言葉の表現集を期待している方からすれば、少なすぎますよね。

でも、この本は、売れる言い換え言葉を、コレクションするための本ではありません。**売れる言葉を、どのように生み出せば良いのか？　その考え方や、アイデアを手に入れる本です。**

あなたの脳内から、売れる言葉が無限にあふれ出す

この本でお伝えする100の言い換え表現と考え方は、まるで「魔法のカギ」。**あなたの脳にある「売れる言葉の扉」を開きます。**

一度でもこの扉が開いたならば、どうなるか？

次々に、刺激的な言葉が飛び出し、もう止まりません。扉の先にある「売れる言葉の泉」が崩壊します。「本当か？」と思ったならば、今から、少しだけ体験してみましょう。

たとえば、本書でも紹介している、次の言い換え表現をご覧ください。

短期間で年商3億円を突破する
⬇
年商3億円の世界にワープする

後者の方が、スピードを感じませんか？

表現のコツは簡単。**すごいスピードが感じられる〝名詞〟で表現するだけです。**

すごいスピードが感じられる名詞って、「ワープ」以外にもいろいろありますよね？

たとえば「弾丸」や「ロケット」など、すぐに、2つ3つは浮かんだのではないでしょうか？

この時点で、あなたの頭の中にある「売れる言葉の扉」は、5センチほど開きました。

次に、こちらの言い換え表現をご覧ください。

●あこがれの美しい髪へ ⬇ モデルさんのような美しい髪へ

後者の方が、キラキラした美しい髪をイメージできますよね。

この表現も難しくありません。**〝ベネフィット〟を、読み手がすでにわかっている「良いもの」で表現しただけです。**

ベネフィットとは、「読み手が求める嬉しい未来」のこと。お客様が、その商品を買う本当の理由です。あなたの商品のベネフィットですが、読み手がすでにわかっている「良いもの」で表現できませんか？　あと3分考えたら、いくつか浮かびそうですよね。

さいごに、もう1ついきましょう。

とてもあたたかい服 ⬇ まるで、着るコタツ

後者の方が、ぽかぽか暖かい感じが伝わります。

これも簡単。**商品特徴を「まるで〇〇」と表現するだけです。**「あたたかいものと言えば？」みたいな感じで、仲間と連想ゲームをしてみてください。良い言葉がポンポン飛び出しますよ。

こんな調子で100の言い換え表現から、売れる言葉の考え方やアイデアを学んだら、あなたはどうなるでしょうか？

テンプレートやフレーズ集を、毎回チェックすることなく、もっと早く、売れる言葉を量産できます。しかも、あなたらしい表現で！　結果が伴ったならば、あなたは、もっと書くのが楽しくなるでしょう。周りから「言葉の達人」と呼ばれる日も遠くありません。

本書では、カテゴリーにわけて、売れる言い換え言葉と、その考え方を100パターンご紹介しております。

まずは、気になるカテゴリーから読み進めてください。

そして、1つの言い換え表現について読み終えたら、「私の場合ならば、どうやって表現すればよいか?」と考えてみましょう。「読む → 考える」を、楽しみながら100回繰り返せば、売れる言葉を生み出す能力が備わります。

ぜひ、本書を読み進めながら、あなたの頭の中にある「売れる言葉の扉」を開いてください。ここまで読み進めた時点で、あなたのその扉は、すでに15センチは開いてしまったのですから。片方の足が突っ込めるぐらい開いてしまったのです。扉の隙間からこぼれる、まぶしい光を感じてください。その光は、あなたが本来持っている才能です。それを見ずに扉を閉じてしまうのは、もったいないですよね?

言葉の力で、あなたの努力や情熱が正当に認められる。
あなたの素晴らしい商品やサービスが、もっと多くの人に伝わる。
本書が、そのためのきっかけになれば幸いです。

大橋一慶

第1章

結果・効果を2倍伝える

お客様は、何を求めているのでしょうか？　結論から言えば、お客様は、商品や特徴を求めているのではありません。たとえば、ダイエット教室に通う人をイメージしてください。彼らは、なぜ、ダイエット教室に通うのでしょうか？　人によっては、立地や設備、プランを理由に挙げるかもしれません。でも、それらは表向きの理由。本当の理由は、もっと痩せて、もっとキレイに（かっこよく）なることで、もっと褒められる未来を得たいからではないでしょうか。

この「お客様が心の底から求めている嬉しい未来」のことを、ベネフィットと呼びます。ベネフィットは、お客様が反応する動機そのもの。どれだけすばらしい商品でも、優れた特徴があったとしても、ベネフィットを伝えなければ、お客様は価値を感じません。商品や特徴は、ベネフィットが叶う理由として存在するからです。この章では、「ベネフィットをより魅力的に伝える言い換え表現」を、ご紹介します。

UREPU IIKAE

01

GOOD

キレイな美肌に

似たような言葉を、
〝別の表現〟にして
価値を高める

↓

さわりたくなる美肌に

一文のなかで、重複する言葉や意味が似ている言葉は、どちらかを違った表現にしましょう。情報量が増えて、パッと見た感じの価値がアップします。例文の「キレイな美肌に」であれば、「キレイ」と「美」は似た言葉です。例文では「キレイ」を「さわりたくなる」に言い換えましたが、「美」を別の表現に言い換えることもできます。

例 **「キレイな美肌に」 ⇓ 「キレイなモテ肌に」**

言い換えのポイントは、片方で別の価値を伝えること。表現を変えるだけで、似たような価値を伝えては意味がありません（NG例：キレイな美肌に ⇓ キレイな美人肌に）。ブログのタイトルやYouTubeのサムネイル、文字数が限られた紙媒体など、短いコピーを魅力的に見せるときに、特に大切な表現法です。**重複表現を別の表現にする考え方は、ブログの目次のように、短い情報を並べるときにも応用できます。**

ブログの目次で応用した例

- **売れる**コピーとは?
- **売れる**キャッチコピー
- **売れる**コピーの事例

⬇

- **売れる**コピーとは?
- **失敗しない**キャッチコピー
- **バカ売れ**コピーの事例

※目次で最初の言葉が重複するときは、別の表現にしましょう。パッと見た感じの情報価値が変わります

URERU IIKAE

02

GOOD

年収720万円に

←

年収380万円が、
720万円に

ビフォーを見せれば、
結果が2倍伝わる

すばらしい結果を見せるとき、以前の状態（ビフォー）を見せてから、結果（アフター）を語りましょう。結果だけ伝えられても、お客様は、その価値がわかりません。たとえば、この2つを見比べてください。

①アフィリエイトで月50000円稼げるようになりました
②アフィリエイト収入が、**月9000円から月50000円に**なりました

①だと、人によっては「ふ～ん、それで？」と思う内容です。**②は、収入が大きく伸びた結果が伝わります。「いったいどうやって？」と好奇心が掻き立てられる一文です。**

ビフォーアフターは、その差に価値や好奇心を抱いてもらう表現法のため、**小さな差を伝えても意味がありません。**「アフィリ収入月45000円が、月50000円になりました」と言われても、興味が持てませんよね？　また、ウソは法に触れるので絶対ダメです。

似ている言い換え表現

「**●●でした、〇〇するまでは…**」
↓
恋愛をあきらめていました。このマッチングアプリに出会うまでは…

※アフターをハッキリと語らない表現。良い結果を匂わせて、好奇心を刺激する

URERU IIKAE

03

首にやさしい、マフラー

←

〝五感に訴えた表現〟で、シズル感アップ

GOOD

チクチクしない、マフラー

「シズル感」の高いコピーは、ベネフィットをより強く訴えます。「シズル感」とは、臨場感の高い表現のこと。ベネフィットを、五感（視覚・聴覚・嗅覚・触覚・味覚）に訴えると「シズル感」の高いコピーになります。

表現のコツは、商品を使用する前、使用中、使用後に分けて、お客様の目、耳、鼻、肌、舌が、何を感じるかをイメージすること。焼き肉の美味しさを伝える場合ならば、こうなります。

例 **ジュージューと焼けるお肉と香りに、おもわず唾をゴクリ**（使用前）。**口に入れると、あっというまに溶けた**（使用中）。**ついつい食べ過ぎて、お腹パンパン**（使用後）。**ベルトのヒモを1つゆるめる**（使用後）。

五感表現が使えるのは、グルメや美容商品だけではありません。また、複数の五感表現をミックスすることで、よりシズル感の高い表現にできます。

経済的なベネフィットを3つの五感に訴えた表現

- 商談が上手くいきます

↓

ニコニコの笑顔で、お客様から「**ぜひよろしく**」と、**握手**を求められます

※ニコニコの笑顔（視覚）。「**ぜひよろしく**」（聴覚）。**握手**（触覚）

URERU IIKAE

04

GOOD

短期間で、
年商3億円を突破する

時短が感じられる
〝名詞〟で、
スピード感アップ

←

年商3億円の世界に
ワープする

時短を伝えるベネフィットは効果的です。仕事でも、趣味でも、家事でも、ほとんどの人が、より短時間で、より優れた結果を手にしたいと願います。時短表現では、具体的な時間を見せるのがベスト。具体的な時間を知ることで、読み手はその価値を身近にイメージできます。

例 **すぐに5品作れるズボラ料理　⇓　たった10分で5品作れるズボラ料理**

しかし、具体的な時間を提示できない場合は、どうすればよいのか？「すぐに」のような、ありふれた言葉だと、伝わる価値が薄くなります。表現のコツは、**「すごいスピード」をイメージできる「名詞」で表現すること。**

「年商3億円の世界にワープ」ですが、**「ワープ」を見た読み手は、それがどれだけ時間効率の高い情報なのかに気づきます。**他にも「近道」「抜け道」「ショートカット」「ロケット」「弾丸」など、いろいろな言葉があります。類語検索などを使い、魅力的な表現を探してみましょう。

似ている言い換え表現

- すぐにギターが上手くなる ↓ ギター上達の**近道**
- 短期間で集客できます ↓ **ロケット**集客術
- 短期旅行 ↓ **弾丸**ツアー

URERU IIKAE

05

GOOD

あこがれの、美しい髪へ

ベネフィットを、読み手の頭の中から引っぱり出す

←

モデルさんのような、美しい髪へ

ベネフィットを、魅力的に伝えたいならば、読み手が良いと信じているモノを引き合いにだしましょう。ベネフィットを、もっと具体的にイメージしてもらえます。

たとえば「ビールがすすむ。ネパールの伝統料理モモ」と言われても、「モモ」を知らない人には価値が伝わりません。しかし「ビールがすすむ。ネパールの餃子モモ」と言われたらどうでしょう？「モモ」の美味しさを、なんとなくイメージできますよね。これは、**ほとんどの人が持つ「ビールと餃子は相性バッグン」という確信を、モノサシにした表現**です。

人は、自らの経験や知識をモノサシにして、その価値を測ります。つまり、ベネフィットの良さに気づいてもらうには、**読み手の頭の中にある「常識」や「確信」に便乗するのが近道。**

この表現法は、目新しい商品の価値について語るときは、特に重要です。コピーライター川上徹也氏の著書『売れないものを売る方法？　そんなものがほんとにあるなら教えてください！』（SB新書）では、**ニューヨークで売れなかった「明太子」を、「ハカタ・スパイシーキャビア」と名付けることで、バカ売れした事例**が紹介されています。

似ている言い換え表現

- おいしい赤だし ↓ **寿司屋の赤だし**
- 暖かいセーター ↓ **陽だまりセーター**

※商品名でも使える表現法です

URERU IIKAE

06

GOOD

集客に成功した方法

ベネフィットを具体化すれば、もっと価値が伝わる

←

新規来店数が、3倍に増えた方法

ベネフィットは、なるべく具体的に表現してください。その理由は3つ。

1つめの理由は、「価値が伝わりやすい」から。お客様は、ぼんやりとした意識で広告を眺めます。パッと見るだけで価値がすぐに伝わるよう、ベネフィットを具体的に表現しましょう。**2つめの理由は、「信憑性《しんぴょうせい》が高まる」から。**人は、具体的な情報に信憑性を感じます。**3つめの理由は、「正しく伝わるから」。**抽象的な表現は、読み手によって解釈が変わります。伝えたい価値を、正しくわかってもらうためにも、ベネフィットを具体的に表現しましょう。

ベネフィット表現で、もう1つ注意点があります。それは、オーバーなベネフィット表現にしないこと。**あまりに過剰なベネフィットだと読み手は信じてくれず、逆効果になります。**ベネフィットは、読み手が現実的に思える範囲内で、具体的に語ってください。

例

× 新規来店数が300倍に増えた ⇓ ○ 新規来店数が**3**倍に増えた

× 2週間で13kg減量 ⇓ ○ 2週間で**3kg**減量

似ている言い換え表現

- 激ウマ塩ちゃんこ ↓ **ダシまで飲み干す、**激ウマ塩ちゃんこ
- 至高のほぐし整体 ↓ **肩も腰もフワッと軽くなる、**至高のほぐし整体

※商品名に具体的なベネフィットを加えるだけでも、情報価値がアップ

URERU IIKAE

07

GOOD

根本からシミを取る治療機

※美容クリニックへ、新しい治療機を案内する広告のコピー

別のベネフィットを並べて、注目度2倍

←

月150名を集客した根本からシミを取る治療機

キャッチコピーで有効なテクニックです。別のベネフィットを2つ並べることで、訴求力がアップします。

キャッチコピーの役割は、読み手の注意を一瞬でつかむこと。人が一瞬で識別できる文字数は、13文字までと言われるため、長すぎるキャッチコピーはよくありません。しかし、異なるベネフィットを2つ並べるのであれば話は別。多少長くても、多くのお客様が反応してくれます。その理由は、**お客様は、キャッチコピー全文を読むのではなく、自分が興味を持つ情報のみに注目する**から。2つの異なる価値が並ぶことで、注目の窓口が広がります。

この表現法で重要なのは、2つのベネフィットは、価値が異なること。例文では、経済効果を表現したベネフィット（月150名を集客）と、美容効果を表現したベネフィット（根本からシミを取る）を語っています。似たような価値を2つ並べたら、長いだけのキャッチコピーになるのでご注意ください。

・NG例 ⇓「これまでにない美容効果、根本からシミを取る治療機」

似ている言い換え表現

● 月150名を集客した根本からシミを取る治療機

↓ **根本からシミを取る**治療機で、**月150名を集客**する方法

※「●●で○○する方法」をひな形にした表現。●●と○○は異なる価値にする

URERU IIKAE

08

GOOD

3日ボウズを、やめる方法

〝薬〟を使えば、高い効果がイメージできる

3日ボウズに効く薬

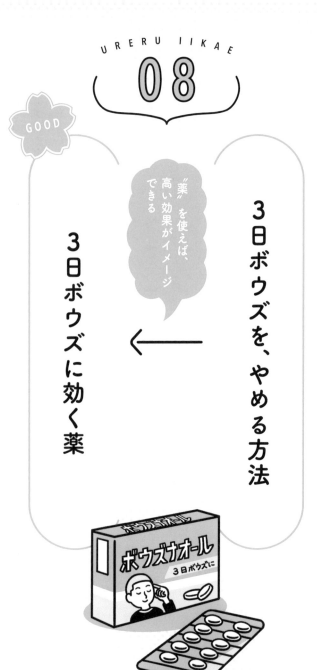

どうしようもない問題を解決する言葉の場合、「薬」を使うと、高い効果をイメージしてもらえます。ただし、「薬」が似合わない言葉で使うのはよくありません。「薬」が似合うのは、「したいこと」ではなく「やめたいこと」を表現した言葉と考えてください。

- 話がうまくなりたい人に効く薬 ⬇ 話が**苦手な人に効く薬**
- 売上を増やしたい会社に効く薬 ⬇ 売上が**増えない会社に効く薬**
- 英語を上達させたい人に効く薬 ⬇ 英語が**上達しない人に効く薬**

後者の表現の方が、ピタッときます。「薬」は、何かの問題をわかったうえで飲むものです。

だからこそ、**「薬」を使う場合は、読み手の欲求（したいこと）ではなく、彼らが認識している問題（やめたいこと）を語るのがポイント。**「読み手が認識している問題」＋「薬」の構成で考えましょう。「薬」の代わりに「特効薬」や「処方箋」を使うのもオススメです。

似ている言い換え表現

- 疲れた心を癒す ⬇ 心の**栄養ドリンク**／心の**ビタミン**
- 業績回復する方法 ⬇ 業績回復の**カンフル剤**

※カンフル剤は、欲求（したいこと）でも似合う言葉です

URERU IIKAE

09

GOOD

あなたの魅力が伝わる、
自己PR

負けたくない
気持ちに、
火をつける

←

ライバルと差がつく、
自己PR

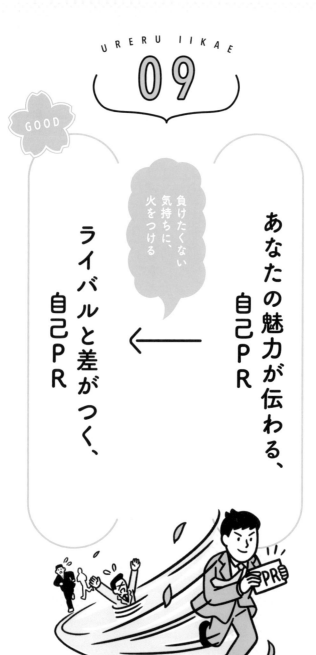

ビジネスや勉強、スポーツ、恋愛など、**競争に勝つことや他よりも優れることがベネフィットになるときは、「差がつく」の表現がおすすめ。**「負けたくない気持ち」を刺激しながら、ベネフィットを、より強く訴えます。シンプルに「差がつく●●」→「差がつく面接」と表現するのも良いですが、他にもいろいろな表現パターンがあります。

- ライバルと差がつく●● → **ライバルと差がつく、**営業資料の作り方
- まわりと差がつく●● → **まわりと差がつく、**受験勉強のコツ
- ○○で差がつく●● → **バッティングで差がつく、**野球上達法
- ○○に差がつく●● → **老後に差がつく、**個人年金の選び方
- これで差がつく●● → **これで差がつく、**小顔メイク

もっと言葉を強めたいときは「**いきなり差がつく**」に、言い換えましょう。

似ている言い換え表現

- ○○で勝つ●● → **第一印象で勝つ、**プロフィール写真の撮り方
- ○○で負けない●● → **コンペで負けない、**すごいプレゼン術

「絶対に勝つ」「絶対に負けない」にすると、さらに言葉が強くなります。

第2章

お得感を強くする

割引セールは、売上を大きく伸ばします。しかし、頻繁に実施できる戦略ではありません。割引を繰り返すと利益が減るだけではなく、安いときにしか買わないお客様を増やします。割引セールをするのは、ここぞというタイミングのみ。

限られた期間で、最大の効果を得るには、どうすればよいのか？　その秘訣は、「お得感を強くする表現法」にあります。「おどろきの安さ」「お得です」「衝撃価格」などの言葉も、ちょっとした表現の違いで、お客様が感じるお得感は変わります。

たとえば、「お得です」と言われるよりも「3000円お得です」と言われた方が、割引の価値を感じますよね。さらに「定価10000円ですが7000円でご提供します」と言われると、より大きな割引の価値を感じるでしょう。

この章では、割引セールやお得なキャンペーンの効果を高める「お得感を強くする言い換え表現」を、ご紹介します。

URERU IIKAE

10

GOOD

人気の北欧家具が、今なら半額

理由を伝えて
〝安かろう、悪かろう〟
を払しょく

←

人気の北欧家具が今なら半額
（ちょっとだけキズあり。でも新品）

お得な価格は、短期的なセールスを爆発的に伸ばします。ただし、あまりに安すぎる場合は、注意が必要。「安かろう、悪かろう」と言われるように、**安すぎる価格は、商品に何かの欠陥があることをイメージさせます。**たとえば、次の3つを読んで何を想像しますか？

①ピカピカの高級車（中古）が50万円で売られている
②一等地の広いマンションが、家賃月5万円で案内されている
③人気のブランドバッグ（新品）が、5000円で売っている

①「事故車」、②「事故物件」、③「偽物」など、何かの重大な欠陥をイメージする言葉が、すぐに浮かびませんか？　**もし、安すぎる値段で売ることがあれば、なぜ、その価格なのかを添えてください。**安いけれども、質が悪くない理由を語りましょう。**正当な理由がなければ、「安すぎるから買わない」と思う人が増えてしまい、大幅割引の効果が落ちます。**

似ている言い換え表現

- ワケあり価格（**箱がへこんでいますが、商品に問題はありません**）
- **形は不揃いですが、おいしさは変わらない**お得な商品です。
- **良さを一人でも多くの方に知ってほしいから、**モニター価格でご提供。

URERU IIKAE

11

お買い得（980円）

〝通常価格〟と〝割引価格〟を見せて、お得感アップ

GOOD

お買い得（通常1500円が980円）

割引セールをするときは、何円のものが何円まで安くなったのかを、ハッキリと見せましょう。もともとの値段をハッキリと覚えているお客様は、思っている以上に多くありません。定価を知らない人もいます。

たとえば、ホテルを探すときを想像してください。「直前割引！一泊5000円」よりも**「直前割引！通常一泊9800円が5000円」**と言われた方が、どれだけお得なのかが、すぐに伝わりますよね。

特に注意したいのは「30％オフ」や「20％割引」などの、割引率を表記するコピー。「定価12800円が30％オフ」と言われても、すぐに計算できません。**「定価12800円が特価8960円（30％オフ）」**と案内すれば、お客様は、お得な価格であることをすぐにわかってくれます。

コンサルティングや制作業など、相場がわかりにくい商品であれば、割引前と割引後の価格を見せる考え方は、特に重要です。ただし、**ウソは法律に違反する**ので絶対にやめてください。

似ている言い換え表現

- 3個買えば1個は無料**（500円お得です）**
- 初回相談は無料**（通常1時間8000円）**
- お得な福袋**（1万円相当の品が5980円）**

URERU IIKAE

12

GOOD

豪華特典プレゼント

“特典の価値”を具体的に見せて、お得感アップ

↓

5000円相当の特典プレゼント

もし、価値の高い特典を用意するならば、それがどれほどの価値なのかを、具体的に見せましょう。お得感がアップします。特典の価値の見せ方は3つ。**「①金銭的な価値を伝える」「②通常では手に入らない価値を伝える」「③ボリュームを伝える」**があります。

①マットレス購入で、**定価3000円の安眠枕**をプレゼント。
②セミナーご参加で、**講師のサイン入り書籍**をプレゼント。
③パソコン購入で**マウス、WEBカメラ、ヘッドセット、USBメモリ3本**をプレゼント。

それほど価値が高くない特典の場合は、下手に盛らず「おまけ」と伝えてください。その方が、お客様は、正当な価値を感じてくれます。

例

× 豪華特典！ USBメモリ3本 ⇒ ◯ USBメモリ3本も、おまけしちゃいます

似ている言い換え表現

- 1万円以上お買い上げの方限定。どれか1つお好きな品をお持ち帰りください
- 5000円相当の豪華特典。さらに◯◯も、おまけしちゃいます ⬇ **あえて特典内容を分割して「豪華特典＋おまけ」にすると、ボリューム感が増してお得感アップ**

URERU IIKAE

13

GOOD

1ヶ月無料

“価値があるものが無料”と伝えて、お得感アップ

←

1ヶ月無料
（月額3980円のプランが使い放題）

今の時代、どの業界でも「無料」は見慣れた言葉です。多くのお客様が、無料にそれほどの価値を期待しません。この問題を解決するには、無料で手に入る価値を、具体的に伝えること。「無料」の価値の見せ方は4つあります。「**①金銭的な価値を伝える**」「**②ボリュームを伝える**」「**③人気を伝える**」「**④ベネフィットを伝える**」です。

①**通常5000円**の小顔整体を、初回無料でお試しいただけます。

②ビジネス書**1000冊**を、30日間無料でお楽しみいただけます。

③**告知後10分で完売した**人気のセミナーを、無料公開中。

④定期テスト対策講座が無料。**次回のテストで5教科計350点以上を目指しませんか？**

近年、無料から自動的に有料プランへ変更されるサブスクが問題になりました。**無料だからこそ抱く不安を払しょくする言葉もお忘れなく。**

「無料」の不安を払しょくする表現

- 無料期間が過ぎた後、**自動的に有料プランへ変更されることはありません**
- 無料相談会では、**お客様が不快に思う勧誘やセールスは、一切いたしません**
- 無料ですが、**一切手を抜くことなく全力で対応いたします**

URERU IIKAE

14

たっぷり試せる化粧水セット

ボリュームを具体的に表現すれば、お得感がもっと伝わる

←

GOOD

2週間たっぷり試せる化粧水セット

36ページ～39ページでお伝えしましたが、お試し商品や特典は、ボリューム感の表現次第で伝わる価値が変わります。ボリューム感を魅力的に表現する方法は4つ。**「①具体的な数字で表現」「②使用期間を具体的に表現」「③使用回数を具体的に表現」「④サイズを具体的に表現」**です。

①体験授業　⇓　**計660分**の体験授業（学習塾の体験授業）

②たっぷり試せる　⇓　1日3粒、**21日間**たっぷり試せる（お試しサプリ）

③無料でお試しいただけます　⇓　**3回まで、**無料でお試しいただけます（お試しコンサル）

④ハンバーグを無料で追加　⇓　**げんこつサイズのハンバーグを**無料で追加（飲食店）

この4つの表現法は、お試し商品や特典だけではなく、通常の商品を案内するときにも使えます。また、商品サイズと広告媒体によっては、**原寸大の画像を掲載することで、サイズ感を魅力的に伝えることができます。**

雑誌広告で化粧水セットを、原寸大画像で表現した場合
21日間じっくり試せる人気のスキンケアセット（原寸大）

URERU IIKAE

15

赤字覚悟の割引セール

↓

GOOD

"ストーリーで共感"
↓お得な買い物を楽しんでもらう

赤字覚悟の割引セール
（助けてください！　発注ミスで在庫があふれています）

特別な理由があって割引をするときは、そのストーリーを包み隠さずに語りましょう。商品にそれほど関心がないお客様でも、ストーリーに共感し、楽しんで買い物をしてくれます。また、ストーリーが面白ければ、SNSで拡散されることもメリットの1つです。

割引の理由として効果的なストーリーは、「困っているので助けてください」のパターン。ストーリーに「熱い想い」が感じられると、さらに共感されて良い効果が期待できます。

例

助けてください。40名の宴会が急遽キャンセルになりました。仕入れたばかりの新鮮な食材をムダにしたくありません。こうなったらもうやけくそ！ 本日は全品30％オフ。当店自慢の海鮮料理を、たっぷりとお楽しみください。

ウソのストーリーを語るのは、絶対にやめましょう。特に「誤発注商法」は、一瞬にして会社の信用を地に落とすリスクがあります。

似ている言い換え表現

※「助けてください」と伝えずに、共感を得る表現の例

- 赤字覚悟の割引セール（**良さを一人でも多くの人に知ってほしいから、ケチな社長を3時間かけて説得しました。100個売れなければ責任を取るつもりです**）

第3章

説得力を高める

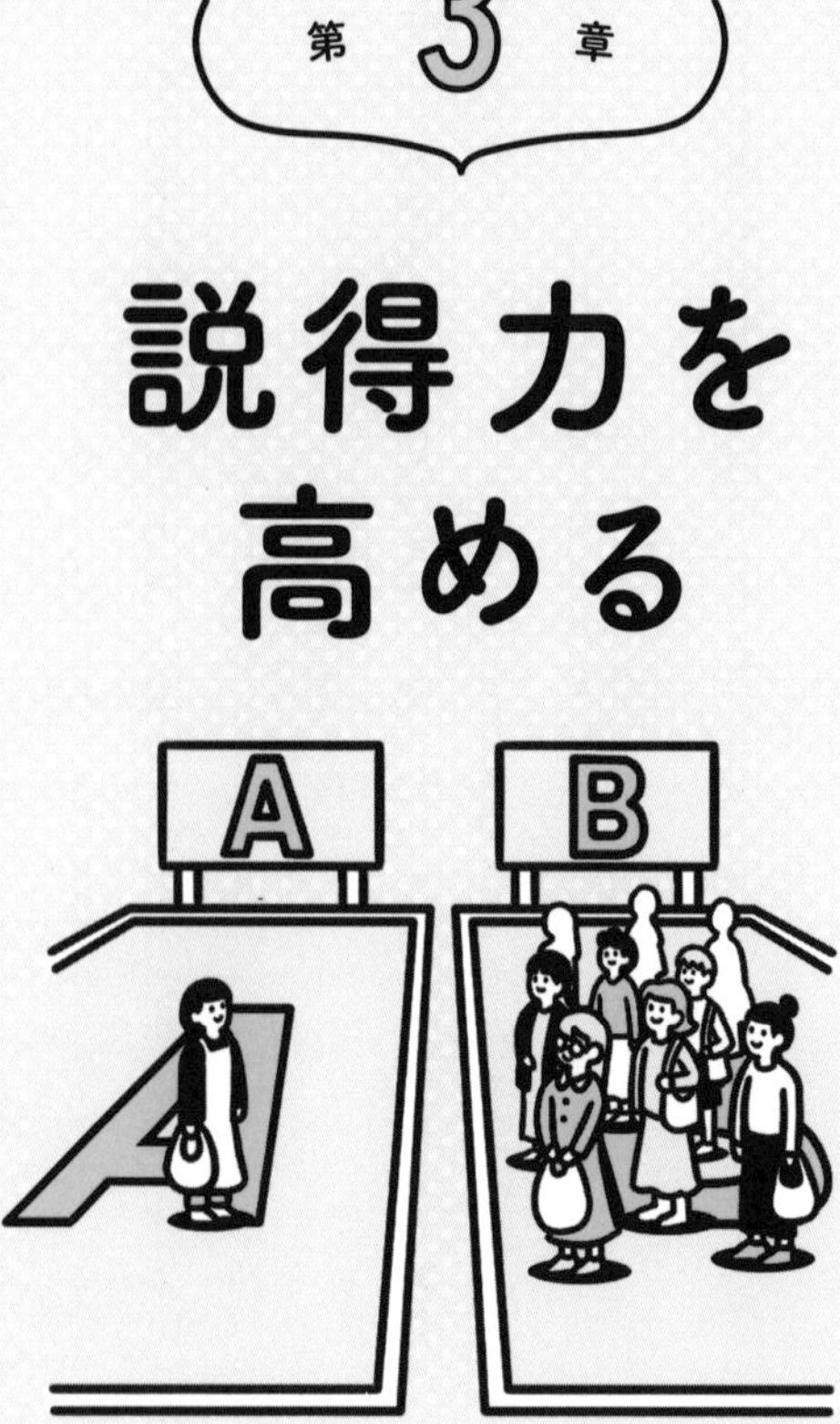

広告には、突破すべき3つの壁があります。

①お客様は、広告を読まない
②お客様は、広告を信じない
③お客様は、広告で行動しない（買わない）

今回ご紹介するのは「②広告を信じない」を突破する方法です。お客様は、広告に書かれた内容を、簡単に信じてくれません。どれだけ魅力的な提案が語られていても、どれだけ真実を伝えていても「どうせ広告でしょ？」と思ってしまうもの。

疑い深いお客様を動かすには、説得力の高い表現が欠かせません。この章では、「説得力を高めるための言い換え表現」を、ご紹介します。

URERU IIKAE

16

GOOD

リピーター続出

“数字”で表現すれば、説得力アップ

10人中9人が、
もう一度買っています

AとBを読んでください。説得力を高く感じるのは、どちらでしょうか？

【A】たくさんの実験でわかりました
【B】２３７９回の実験でわかりました

Bの方に説得力を感じませんか？ その理由は、「たくさん」を数字で表現しているから。具体性は信憑性を高めます。**数字を使えば、表現がより具体的になり、メッセージの信憑性がアップします。**ただし、数字は、わかりやすく表現することが大切。「モニター満足度98％」よりも「モニター１００人中98人が満足」の方が、価値をイメージしやすいですよね。

数字表現は、価値がすぐに伝わるのもメリットの１つ。**「予約がとれない」よりも「3ヶ月予約待ち」と言われた方が、すぐに人気が伝わります。**また、一文が数字だらけになると読みにくくなるので、数字を使うのは、一文の20％以下を目安にしてください。

似ている言い換え表現

- 複雑なExcelが短時間で終わる ⬇ **3時間かけていたExcelが10秒で終わる**
- 成約率が倍増しました ⬇ **成約率1.3％が、2.6％に増えました**

※結果や効果を語るときも、数字表現は有効。ベネフィットの信憑性がアップする

URERU IIKAE

17

お金が貯まらない理由

"3"は、説得力を高めるマジカルナンバー

←

GOOD

お金が貯まらない、3つの理由

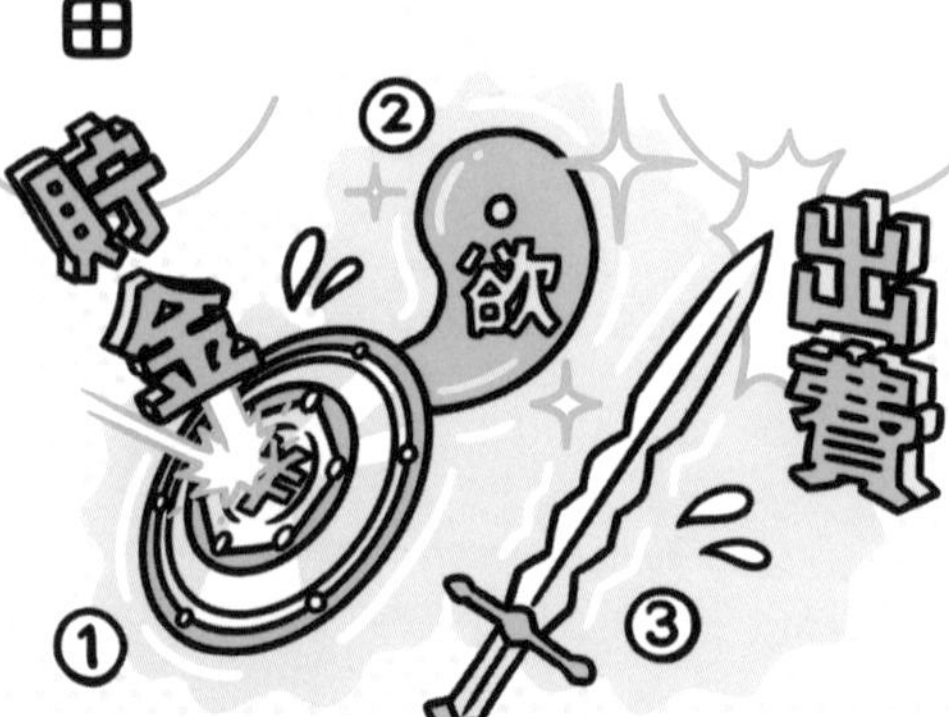

何かの理由や解決法を語るとき、「3つの」という言葉を加えることで、説得力がアップします。**AとBを読んでください。どちらに興味を持ちますか？**

【A】おいしい野菜炒めを作るコツ
【B】おいしい野菜炒めを作る3つのコツ

Bに興味がわきませんか？　その理由は「安定感」の違いです。カメラの三脚のように、わたしたちは、支えが3本以上あれば物理的に安定することを知っています。**「3」は、本能的に安定を感じさせる言葉であり、説得力を高めます。**

「3つの」は、お手軽さが感じられるのもメリット。「おいしい野菜炒めを作る22のコツ」と言われても、やることが多すぎてめんどうに感じますよね。ただし、「コピーの反応を高める27の方法」のように、**情報量の多さが価値になる場合は、3つにこだわる必要はありません。**

似ている言い換え表現

- フォロワーが増えるSNS運用術 ↓ フォロワーが増えるSNS運用の**3原則**
- 結婚したら入っておきたい保険 ↓ 結婚したら入っておきたい**三大**保険
- 売れっ子デザイナー必須アイテム ↓ 売れっ子デザイナー**三種の神器**

URERU IIKAE

18

GOOD

サッカーで、体幹は大切

〝客観的な事実〟が、
説得力を高める

←

プロサッカー選手は、
体幹が強い

広告は基本的に信じてもらえません。どれだけ自信がある内容でも、主観的なメッセージでは説得力に欠けます。説得力を高めるには、客観的な事実を伝えましょう。

さらに、読み手が「それは知らなかった」と驚く事実だと、有益な情報として興味を持ってもらえます。なぜなら、**読み手は、常に新しい情報を求めている**から。

そのために重要なのは、ターゲットの知識を理解すること。たとえば、例文の「サッカーで、体幹は大切」ですが、今では、ほとんどのサッカープレイヤーが知っている事実です。サッカープレイヤーがターゲットだと、今さら語ることではありません。しかし、サッカーに詳しくないターゲット（わが子がサッカー教室に通い始めたけど、サッカー知識ゼロの親）ならば、目からウロコの情報になります。

客観的事実を語る場合は、読み手の知識の一歩先を語るように心がけてください。そのうえで、あなたの提案の優位性を裏付ければ、説得力が高く、読み手の関心をつかむコピーになります。

似ている言い換え表現

- 社内会議にパワポは不要 ↓ **アマゾンやトヨタの**社内会議では、パワポを使いません
- ビジネスで成功したいなら本を読もう ↓ **ビル・ゲイツ、孫正義、柳井正は、**読書家です

※信用力の高い人や組織を例に挙げると、説得力アップ

URERU IIKAE

19

GOOD

幸せになる方法

“理系っぽい言葉”で、説得力アップ

←

幸せになる技術

「技術」「方程式」「科学」のような「理系っぽい言葉」で表現すると、説得力がアップします。

その理由は、「再現性」が感じられるから。「理系っぽい言葉」は、正しい手順を踏めば、誰でもおなじ効果が期待できる印象をもたらします。**「理系っぽい言葉」が特に効果的なのは、抽象的な言葉を使うとき。**たとえば、自己啓発系やスピリチュアル系の商品の場合、抽象的な表現が多くなりますが、「理系っぽい言葉」を使うことで、パッと見た説得力が変わります。

- 直感で成功する方法 ⬇ 直感で成功する**技術**
- 幸運の秘訣 ⬇ 幸運の**方程式**
- 才能を開花する方法 ⬇ 才能を開花する**科学的な方法**

「直感で成功する7つの技術」のように、「理系っぽい言葉」は、数字表現を使うことで、さらに説得力がアップします。※数字表現については、47ページをご参照ください

似ている言い換え表現

- 幸運の**方程式** ⬇ 幸運の**法則**
- 才能を開花させる**科学的**な方法 ⬇ 才能を開花させる**テンプレート**

※「法則」「仕組み」「システム」「テンプレート」も、再現性の高さを感じる表現

UERU IIKAE

20

入れ歯セミナー

※歯科医師へ、セミナーを案内する広告のコピー

“ターゲットが使う言葉”でなければ、信用されない

←

GOOD

総義歯セミナー

「中学生でもわかるように書け」と言われますが、文章で、わかりやすさは大切。わかりやすい文章を書けば、たくさんの人に伝えることができます。

広告の場合、特にわかりやすさを徹底する必要があります。なぜなら、**ほとんどの人は、広告を集中して読まない**から。そのため、コピーライティングでは、専門用語や難しい言葉、難しい漢字は、なるべく使いません。

ただし、**専門家をターゲットにするときは別**です。彼らが普段使っている専門用語を使いこなさなければ、逆に伝わりません。たとえば、獣医師は「動物看護士」のことを「VT」や「AHT」と呼びます。飲食店は「お客様が少ない時間」を「アイドルタイム」と呼びます。

専門家を対象にするときは、彼らが普段から使う専門用語を使いこなしてください。そうしなければ、わかりにくい文章になるだけではなく、信用を損ねます。**自分のことをわかっていない人のメッセージは、信用されません。**この考え方は、事業者を対象とした「BtoB」だけではなく、一般消費者を対象とした「BtoC」でもおなじです。

BtoCの表現例

- トレーニング愛好家に「懸垂《けんすい》」を伝えるときは「**チンニング**」と表現
- 釣り好きに「たくさん釣れる状態」を伝えるときは、「**入れ食い**」と表現
- ワイン好きに「最高の食べ合わせ」を伝えるときは、「**マリアージュ**」と表現

第4章

差別化する

モノや情報にあふれる今、多くのお客様が「もっと良いモノ」を探しています。つまり、現代のセールスにおいて「差別化」は重要。他との違いや優位性を魅力的に語らなければ、お客様に選んでもらえません。

本来であれば、商品開発段階で、他との明確な違いを打ち出す必要があります。とはいえ、現場レベルだと、そうはいかないことも多いでしょう。他と似たような商品を、何とかして売らなければならない状況も多いはず。そうなると、他社とのわずかな違いを、いかにして魅力的に伝えるかが重要です。

この章では、「差別化に役立つ言い換え表現」をご紹介します。表現だけではなく、差別化のアイデアもいくつか学べるので、ご自身のビジネスに応用してください。

URERU IIKAE

21

GOOD

創業20年の結婚相談所

←

“何を続けてきたのか？”を具体化すれば歴史的価値で差別化できる

40代以降の結婚を支え続けて20年

長年の歴史は、良い仕事を続けてきたことを印象付け、他との違いになります。ただし、歴史の長さを伝えるだけではもったいない。**歴史の長さで差別化するには、何を続けてきたのかを具体化すること。**「どんなお客様が多かったのか?」「何に一番こだわってきたのか?」を深掘りしましょう。注意点は、抽象的な表現にならないこと。次の2つを見比べてください。

× 困っている人の結婚を支え続けて20年 ⇒ 歴史の長さしか伝わらない

○ **40代以降の結婚を支え続けて**20年 ⇒ 特別なキャリアを感じる

何を続けてきたのか? その答えが、専門的であればあるほど、具体的であればあるほど、あなたの会社の歴史的価値は、他との違いとして強く輝きます。

歴史についての考え方ですが、創業以来でなくても問題ありません。「この5年、○○だけに集中してきました」のような表現でも有効です。

似ている言い換え表現

- **敏感肌のお子様を守り続けて**30年の漢方薬局です
- **○○中学生から愛され続けて**20年の学習塾です
- この10年、**美容院のホームページ制作だけを**請け負ってきました

URERU IIKAE

22

かぜに効く（鼻水、せき、のど、熱）

あえて1つに絞り込めば、選んでくれる人が増える

←

GOOD

のどの痛みに効く

想像してください。激しいのどの痛みに悩んだあなたは、ドラッグストアへ行きます。風邪薬のコーナーには、2つの商品が並んでいました。**あなたは、どちらを手にとりますか？**

【A】かぜに効く（鼻水、せき、のど、熱）
【B】のどの痛みに効く

おそらく「B」を選ぶでしょう。「まさにコレが必要！」と思うはず。

商品棚やショッピングモール、ポータルサイトのように、**たくさんの商品と比較される売り場だと、専門特化することで、特定のターゲットから選ばれやすくなります。**なぜなら、お客様は、自分に相応しい特別な商品を探しているから。

専門特化すると、ターゲット母数は減ります。しかし、**専門特化が成功すれば、これまで素通りしていたターゲットから「コレだ！」と思われ、もっとたくさん売れます。**

専門特化の例

- クリニックのWEB制作なら○○ → **歯科クリニックのWEB制作なら○○**
- コーヒー専門店 → **酸味が強いコーヒー**の専門店
- プライベートジム → **女性専用の**プライベートジム

URERU IIKAE

23

GOOD

整骨院のWEB制作なら
お任せください

〝それ以外は
できない〟と
言い切り、
専門性を尖らせる

←

整骨院のWEB制作以外は
お受けしておりません

先ほど、差別化する方法として「専門特化」をお伝えしました。**「専門特化」の価値を、より強く訴えるには、「ある特定のこと以外はできません」と断言するのが効果的。**ほとんどの会社が「〇〇できます」と訴えるなか、「〇〇できません」と言われると、他との違いが、より強く感じられます。**「できません」「やりません」「お受けできません」は、セールスにおいて意外性の高い言葉のため、パッと見て目立つのもメリット。**AとBを見比べてみてください。

【A】酸味が強いコーヒーのみご提供できます

【B】酸味が強いコーヒー**以外は、ご提供できません**

ハチマキを巻いた頑固そうなオヤジが「うちは、塩ラーメンしかださねぇよ！」「それに命かけてるから！」と気合の入った言葉を言う印象に近いですね。**専門性の高さだけではなく、そのサービスへのこだわりや、情熱、自信も伝わります。**

「〇〇できません」の素晴らしい事例

以前わたしが見た「家族葬のらくおう」のテレビCMでは、この表現を見事に使いこなしていました。「私たち〝らくおう〟では**大きなお葬式はできません**」と言い切り、最後に「**大きなお葬式は、他社さんへ**」と伝えています。

URERU IIKAE

24

GOOD

濃縮ウコン○○は、
ここがすごい

〝どこがすごいのか?〟の具体化で、
他との違いが強くなる

←

濃縮ウコン○○は、
翌朝がすごい

広告でよく見る「ここがすごい」は、効果的な表現です。「**ここが**」**と伝えれば、読み手は「どこが？」と興味を持ち、続きを読んでくれます。**なので「ここがすごい」自体は、表現として悪くないため、そのまま使用しても問題ありません。

しかし、**「ここがすごい」の表現は、少しひねると、差別化をより強化できます。ポイントは〝どこがすごいのか？〟を具体的に表現すること。**

他とそれほど変わらない強みでも、「〇〇がすごい」と言われると、他よりも優れて見えるのは、表現の魔法です。次の例文を見比べてください。「**〇〇がすごい**」**と表現すると、一般的な表現よりも強みが伝わります。**

似ている言い換え表現

- 当店の鍋料理は、野菜たっぷり ⬇ 当店の鍋料理は、**野菜の量がすごい**
- 発音矯正を徹底した英語学習 ⬇ 私たちの英語学習は、**発音矯正がすごい**
- 笑顔で接客します ⬇ 私たちの接客は、**笑顔がすごい**
- **当店の鍋料理は、野菜の量がぜんぜん違う**

※他にも「ヤバい」「強い」「無双」「ピカイチ」「レベチ」「異次元」など、すごさが伝わる言葉で代用可能

URERU IIKAE

25

GOOD

糖質制限が続かない方に
おすすめです

特定の人に選ばれている表現が、差別化を強める

糖質制限が続かない方に
選ばれています

「〇〇の方におすすめ」は、表現として悪くありません。絞り込んだターゲットに注目してもらう効果が期待できます。**もし、他との違いをより強く訴えたいのであれば、「〇〇の方に選ばれています」と表現しましょう。**「選ばれています」が、行列感（人気や安心）を演出するため、他よりも優れた商品であることを強く訴えます。

表現のポイントは「〇〇の方に」のところ。**〇〇部分では、ターゲットがこれまでの商品に持っている不満を突き刺してください。**そうすることで、これまでにない良さがあることをイメージしてもらえます。

- **「お掃除ロボ買ったけど、ほとんど使わなかった」**そんな方に選ばれています。

「〇〇の方に選ばれています」は、比較検討層（何を買えばよいのか悩む人たち）をターゲットにするとき、バツグンの効果を発揮します。

似ている言い換え表現

- 「どうせサプリなんて気休めでしょ?」そんな方が、**こっそり買っています**
- 「どうせサプリなんて気休めでしょ?」そんな方に、**お喜びいただいています**
- 「どうせサプリなんて気休めでしょ?」そんな方が、**最後に選ぶのがこの商品**

URERU IIKAE

26

週3投稿でフォロワーが増える
インスタ運用術

“新しさ”を
感じさせて、
他との違いを強化

←

GOOD

週3投稿でフォロワーが増える
インスタ運用の【新常識】

「これまでの商品に満足できなかった」「もっと良いものはないだろうか？」そんなターゲットを振り向かせるには、他との違いを語るだけでは物足りません。**これまでにない新しさを伝えることが重要**です。

「新しさを表現する言葉」は、思っている以上に強力。「新しい」の3文字を添えるだけでも、**他との違いがもっと輝いて見えます。簡単な表現法なので、使わない手はありません。**また、「新しさを伝える言葉」は、その言葉自体が注目を集めるのもメリット。

売り込まなくても売れる営業法 ⇩ 売り込まなくても売れる**「新しい営業法」**

重要なのは、どの言葉を使うか？「新しさを表現する言葉」は、数えきれないほどあります。参考までにいくつかピックアップしますが、類語辞典などを使用して、ピタッとくるものを選びましょう。

新しさを表現する言葉の例

新たな、新しい、新○○、最前線、新種の、新常識、一歩先の、新着、一歩進んだ、革命的、業界初、初上陸、常識をくつがえす、これまでになかった、今までなかった、新時代、次世代、アップデート、○○2・0、NEW

URERU IIKAE

27

GOOD

カバンに入るホワイトボード

←

他との違いを、「新しさ」と「意外性」で強化する

ありそうでなかった
カバンに入るホワイトボード

「ありそうでなかった」は、重宝できる言葉です。その理由は、他との違いだけではなく、「新しさ」と「意外性」を強化できる表現だから。読み手の好奇心をかきたてる表現です。

- **ありそうでなかった、**プロテインチューハイ
- **ありそうでなかった、**結ばないくつひも

ただし「ありそうでなかった」がピタッとくるのは、商品にズバ抜けた違いがあるときだけ。

他との違いが弱い商品や、似たような商品が多い場合だと、価値が伝わりません。「ありそうでなかった、糖質制限ダイエット」と言われても、今さら?と思うだけです。

商品にズバ抜けた違いがない場合は、「そうそう!ちょうどそんなのが欲しかった」という感情を刺激する表現を使いましょう。「ちょうどよい○○」「○○の欠点を克服」「こんな○○が欲しかった」が使いやすいテンプレートです。

「ちょうどそんなのが欲しかった」を刺激する例

- 運動が苦手な人に、**ちょうどよいダイエットがあります**
- 「運動が続かない!」**そんな弱点を克服したダイエットです**
- 「え? 運動しなくていいの?」**こんなダイエットが欲しかった**

第 5 章

商品特徴を、もっと魅力的に伝える

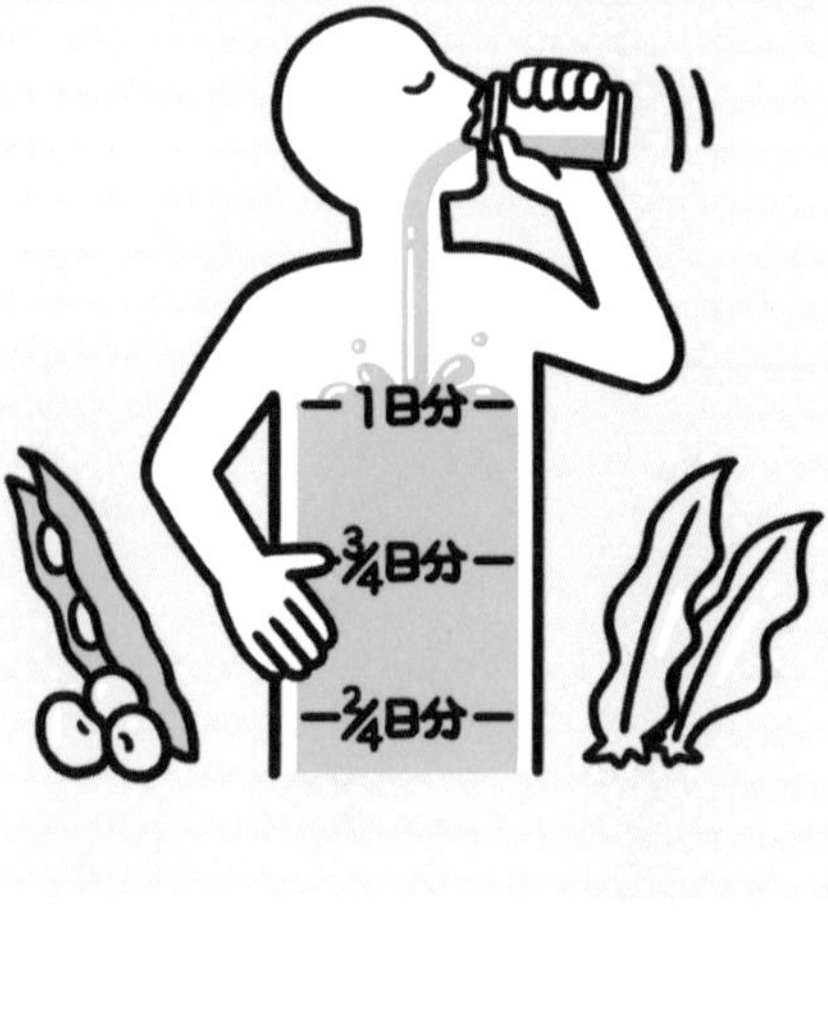

「特徴」とは、他と比べて特に目立つ点のこと。「他よりも優れている点」と考えればわかりやすいでしょう。11ページでもお伝えしたように、お客様は、ベネフィットに価値を感じて反応します。

次の例文だと、「特徴」とは、ベネフィットが叶う理由です。

スクワークができる」。特徴は、「まるでコタツのように暖かい」です。

（例文）真冬の深夜でも、快適にデスクワークができます。なぜなら、この靴下は、まるでコタツのように暖かいから。

「まるでコタツのように暖かい」が、「とても暖かい」だったら、どうでしょうか？　伝わる価値が弱くなりますよね。ベネフィットの価値を高めるには、商品特徴を魅力的に伝える表現が欠かせません。この章では「商品特徴を、もっと魅力的に伝えるための言い換え表現」をご紹介します。

URERU IIKAE

28

GOOD

おどろくほどコンパクトなスピーカー

〝読み手が知っているモノ〟で、サイズや重さ、量を表現

←

ポケットに入るスピーカー

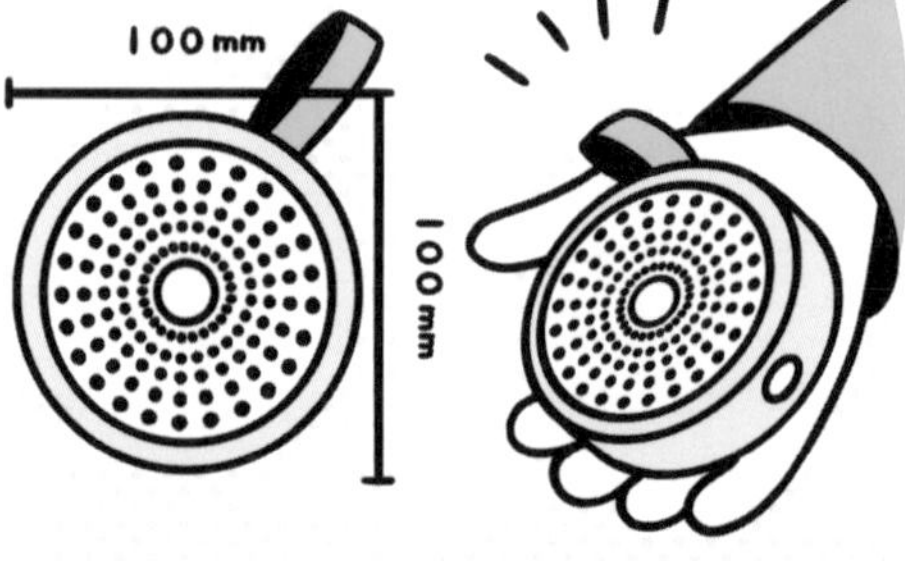

商品の「サイズ」「重さ」「量」を特徴として伝えるとき、読み手が知っているモノで表現すると、その価値が伝わりやすくなります。

次の4つの例を読んでみてください。後者の方が、どれぐらいのサイズなのか、どれぐらいの重さなのか、どれぐらいの量なのかが、すぐにイメージできます。

①縦9cm、横7cmなので、とても小さい ⇓ **手のひらサイズ**
②とにかくデカいステーキ肉 ⇓ **顔よりデカい**ステーキ肉
③17gなので、とても軽い ⇓ **消しゴムとおなじぐらい**の軽さ
④ビタミンC1000mg配合 ⇓ **レモン約50個分の**ビタミンC配合

特に、身体の一部や、読み手が使ったことがあるもの（食べたことがあるもの）で表現すると、実感が湧きやすくて効果的です。

「サイズ」を表現するときのアイデア

従来のサイズよりも大きい、または小さいことを、特徴として伝えるときは、**その差がわかる比較画像を用いるとさらに効果的**です。

URERU IIKAE

29

GOOD

食物繊維たっぷり21g

「けっきょく、どういうこと?」の回答で価値を伝える

←

1日分の食物繊維

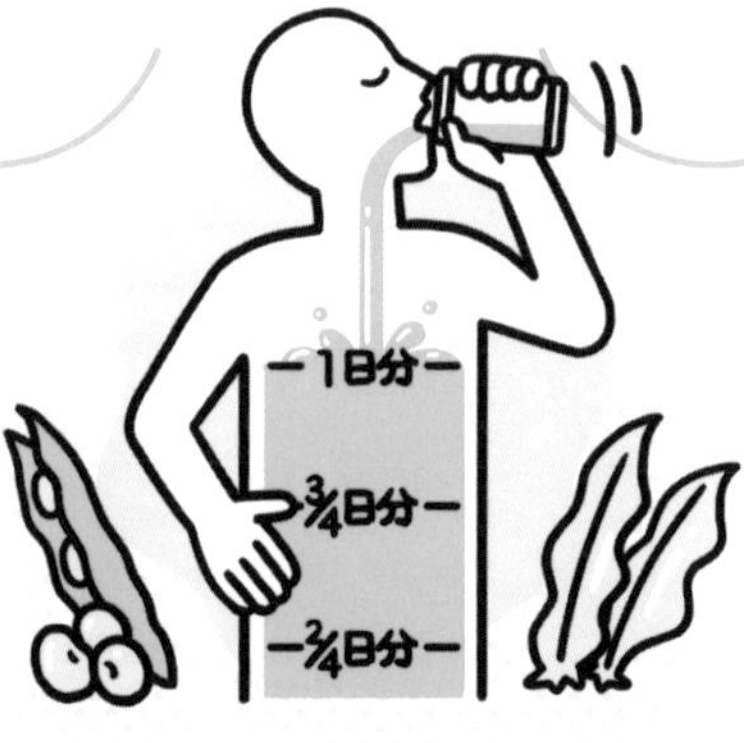

商品の特徴を説明するとき、あまりに具体的で専門的だと、価値が伝わらないことがあります。たとえば、在宅ワーク用のプリンターを、ネットで探している人をイメージしてください。初めてプリンターを買う人です。「スマホ・タブレット接続」「Wi-Fi対応」「コピー可能」「スキャン可能」「用紙サイズA4」「自動両面印刷」「インクジェット」「大きさ：W390×D330×H160㎜」のように特徴を並べられても、何が良いのかよくわからないはず。

特徴の説明がわかりにくい、長すぎると感じたら、「けっきょく、どういうことなの？」と、ご自身へ問いかけ、その答えを最初に見せましょう。読み手は、自分に必要な情報として、商品特徴を受け止めてくれます。先ほどのプリンターの例ならば、次のような表現になります。

「在宅ワークのほとんどに対応できるコンパクトなプリンター」

スマホ、タブレット接続、Wi-Fi対応、コピー可能、スキャン可能、用紙サイズA4、自動両面印刷、インクジェット、大きさ：W390×D330×H160mm

「けっきょく、どういうことなの？」の注意点

「けっきょく、どういうことなの？」とご自身に問いかけるとき、**ターゲットを具体的にイメージすることが重要**です。さきほどのプリンターの例ですが、ターゲットが「家庭用プリンターを探している人」であれば、また違った答えができます。

URERU IIKAE

30

出産祝いカタログギフト

ボリューム感が
ウリになるなら、
必ず数字を添える

←

GOOD

出産祝いカタログギフト（全287品）

「食べ放題」「お徳用」など、「ボリューム感」がウリになる商品なら、そのボリュームが伝わる数字を添えてください。「食べ放題（全73品）」のように表現します。

ボリューム商品にとって、ボリュームは価値そのもの。数字で具体的に表現することで、価値が魅力的に伝わります。**ただし、読み手が価値を感じる数字表現が必要です。**

「うなぎ特大蒲焼200g」を、ギフト商品として販売するとしましょう。ボリューム感を「200g」で表現しているため、問題なさそうに見えます。では、4人家族へ贈り物を考えているお客様からすればどうでしょうか？ **食べ物を贈るとき、多すぎても、少なすぎてもよくありません。**「うなぎ特大蒲焼200g」だと、何人前なのかがわかりません。

この場合、「うなぎ特大蒲焼200g（**1人前目安80～100g**）」「うなぎ特大蒲焼200g（**2人前**）」と表現すれば、お客様は安心して、うなぎを2セット購入できます。

「ボリューム感」を数字で伝えるときは、ターゲットの購入目的をしっかりと予測して、彼らが価値を感じる表現を考えましょう。

似ている言い換え表現

- トイレットペーパー**約1年分** ↓ 大容量を長期間で表現する
- すき焼き肉950g（**大人4人で食べてもおなかいっぱい**）↓ 満足感を語る
- **4000タイトル**の映画、ドラマ、アニメが見放題 ↓ サブスクでも有効

URERU IIKAE

31

GOOD

とてもあたたかい服

特徴を、"まるで〇〇"と表現すれば、もっと価値が伝わる

←

まるで、着るコタツ

「暖かい」「涼しい」「やわらかい」など、**「心地よさ」を特徴として表現するとき、心地よさをイメージできるモノやコトで表現しましょう。**価値を魅力的に伝えることができます。

「まるで、○○」のテンプレートで考えると、いろんな表現が浮かびます。

- 暖かい ⬇ **「まるで、陽だまり」「まるで、毛布に包まれたような温もり」**
- 涼しい ⬇ **「まるで、首に巻くエアコン」「まるで、避暑地にいるような涼しさ」**
- やわらかい ⬇ **「まるで、赤ちゃんのお肌」「まるで、大福のようなやわらかさ」**
- 快適 ⬇ **「まるで、社長室」「まるで、三ツ星ホテルのような快適さ」**
- 軽くなる ⬇ **「まるで、羽が生えたように身体が軽い」**

良い表現が浮かばないときは、連想ゲームがオススメ。「暖かいものと言えば？」のようにテーマを決め、複数人と遊び感覚で取り組みましょう。

> 「まるで、○○」のおもしろい事例
>
> 岡本株式会社が販売する大ヒット商品「**まるでこたつソックス**」をご存じでしょうか？ヒットのきっかけは商品名の変更。**もともとは「三陰交をあたためるソックス」**でした。「まるで○○」の表現は、ネーミングにも使えます。

URERU IIKAE

32

GOOD

とても頑丈です

〝過酷な環境でも大丈夫〟なことを語れば、頑丈さが、さらに伝わる

←

お尻で踏んづけても壊れません

商品の「頑丈さ」を特徴として表現するとき、どれぐらい過酷な環境でも耐えられるかを語れば、その価値がさらに伝わります。また、過酷な環境に耐えるシーンを映像で表現すれば、その頑丈さを、もっと魅力的に伝えることができます。

「象がふんでもこわれない筆箱」として有名な「アーム筆入」は、その昔、**象に筆箱を踏ませるシーン**をCMで紹介して、人々の注目を集めました。

「イナバ物置」のCMも、多くの人の記憶に残っているでしょう。「100人乗っても大丈夫！」のキャッチコピーとともに、**100名が物置の上に乗っているシーン**が紹介されます。

他にも、「ハズキルーペ」のCMでは、頑丈さを表現するために、**複数の女性が、ハズキルーペをお尻で踏んづけるシーン**が紹介されました。

頑丈さを伝える映像は、エンタメ感が高いため、楽しみながら商品特徴を見てもらえます。今は、誰もが動画を制作し、YouTubeなどのプラットフォームで紹介できる時代です。「頑丈さ」を伝えたいなら、映像での表現も試してみてください。

頑丈さを伝える表現のヒント

頑丈さを伝えるときは「〇〇しても●●」の表現が鉄板です。「〇〇」には、過酷な環境を入れ、「●●」には、頑丈さを伝える表現を入れます。たとえば、「**車で踏んでも壊れないカード入れ**」「**人が乗っても折れない傘**」「**ハンマーで叩いても痛くない**安全手袋」など。

URERU IIKAE

33

GOOD

完全予約制

ベネフィットを添えれば、特徴の価値が2倍伝わる

完全予約制（待ち時間0分）

「特徴は、ベネフィットが叶う理由の1つ」とお伝えしました。これはつまり、**それぞれの特徴は、何かのベネフィットにつながっている**ということです。

たとえば、小型のパソコンデスクがあったとします。特徴は「天井板の高さが50cm～90cmの間で調整できる」と「キャスター付き」。一般的な特徴に思えますが、これらの**特徴がもたらすベネフィットを添えれば、もっと魅力的に価値が伝わります。**

● 天井板の高さは50cm～90cmの間で調整可能**（デスクワークだけではなく、ソファー用のサイドテーブルとしてもご利用いただけます。キャスター付きなので移動もらくちん）**。

特徴からベネフィットを見出すには**「ということはつまり法」**がオススメです。商品特徴を1つ挙げて「ということはつまり、お客様はどうなるの？」と質問を繰り返すだけで、いろんなベネフィットが見つかります。

「ということはつまり法」の例

1日分の食物繊維がとれる ⬇ **ということはつまり？** ⬇ お通じ改善 ⬇ **ということはつまり？** ⬇ おなかスッキリ ⬇ **ということはつまり？** ⬇ ちょっと細身のパンツがはけるように！ ⬇ **ということはつまり？** ⬇ 最近痩せたね！と褒められる

URERU IIKAE

34

GOOD

お手続きは
オンラインでサクッと完了

具体的な時間を
表現しなければ、
スピード感は
伝わらない

←

お手続きは
オンラインでたったの3分

「スピード感」を特徴として伝えるときは、「今すぐ」「すぐに」「サクッと」などの言葉だけだと、その価値が伝わりません。必ず、速度が伝わる時間を表現してください。

- 今すぐお届けします ⬇ **30分以内に**お届けします
- すぐに修理スタッフが駆け付けます ⬇ **その日のうちに**修理スタッフが駆け付けます
- サクッとわかる行動経済学 ⬇ **7分で**サクッとわかる行動経済学

通常かかる時間や手間を同時に語れば、さらに「スピード感」が伝わります。

- **乗り継ぎだと3時間かかりますが、**直行便なら1時間で到着します。
- **面倒な手続きは不要。**0秒でチェックインできます。
- 『サピエンス全史』（上下巻）**568ページが、**たった10分でわかる。

似ている言い換え表現

※手間がかからないことを特徴として伝えるときも、時間を表現すると効果的です

- レンジで温めるだけ ⬇ レンジで**3分**温めるだけ
- ズボラ投資 ⬇ **1日1分**ズボラ投資

URERU IIKAE

35

自動で、WEB広告が最適化

利便性は、表現次第で
伝わる価値が変わる

←

GOOD

ほったらかしで、WEB広告が最適化

「利便性」は、読み手に取って魅力的な商品特徴です。世の中の商品のほとんどは、利便性を高めるために存在しているといっても、過言ではないでしょう。だからこそ、利便性を伝えるときは、表現にひとひねり加えたいところです。

コツは、「ひらがな」や「カタカナ」の多い「やわらかい言葉」で表現すること。硬い言葉をやわらかい言葉に変えると、より簡単なイメージを持ってもらえます。たとえば、「自動」や「全自動」も悪くありませんが、もっと柔らかく表現すると「ほったらかし」になります。「片手間」を特徴として伝えるならば「ズボラ」や「すきま時間」がオススメです。

「〇〇するだけでＯＫ」のように、具体的な手段で利便性を伝えるときは、**それによって、どのような手間が不要になるかを補足すれば、さらに価値が伝わります。**

- ワンクリックでお申込完了（**お客様情報やカード情報の入力は必要ありません**）
- スマホだけでサクッと動画編集（**難しい動画編集ソフトは、もう必要ありません**）

似ている言い換え表現

利便性を表現する言葉で「オールインワン」があります。オールインワン表現をするとき、**実際に包括している内容を語れば、もっと価値が伝わります。**

例 これ１本でＯＫ（**化粧水、美容液、乳液、保湿クリームがひとつに**）

URERU IIKAE

36

GOOD

高級バスタオル

高級感や特別感は
〝王様〟が効く

王様のバスタオル

商品に高級感や、特別感をもたらしたいとき、「王様」は効果的な表現です。

表現法は、「王様の●●」と「〇〇の王様」の2パターン。「王様の●●」は、商品の高級感を伝え、「〇〇の王様」は、ある分野で特別な存在であることを伝えます。

- 「**王様の**バスタオル」➡高級感を訴える
- 「バスタオル**の王様**」➡バスタオルの中でも特別な存在であることを訴える

似た表現として**「〇〇の女王」「〇〇の帝王」「〇〇王子」**があります。物ではなく人を表現する場合がほとんど。「女王」は、対象が女性の時に使い、「帝王」は、より力強い人物を印象づけます。「王子」は、清らかな印象や、アイドルっぽさを訴えるのに効果的です。

※2文字で印象が変わる→「通販の**王様**」「通販の**女王**」「通販の**帝王**」「通販**王子**」

「姫」を使った、すごいネーミング

マルキュー株式会社の「**アミ姫**」は、とても秀逸なネーミングです。「アミ姫」は、釣り餌の「アミエビ」の強烈な臭いを改善した商品。「臭わないアミエビ」も悪くありませんが、「アミ姫」だと、**臭わないどころか、良い香りがするイメージが湧きます。**

URERU IIKAE

37

GOOD

二日酔いに効く

“擬人化”すれば、商品がイキイキと伝わる

↓

二日酔いの救世主

「悩み」「苦しみ」「痛み」を解消する商品やサービスのとき、効果的な表現法があります。それは、**商品やサービスを「助けてくれる人」で表現する**方法。たとえば「**救世主**」や「**スーパーヒーロー**」「**レスキュー隊**」など、を想像してください。彼らは、どんな状況でも、困っている人を助けてくれる印象を持ちます。商品やサービスを「助けてくれる人」で表現すれば、**商品の価値がもっとイキイキと伝わり、効果をイメージしやすくなります。**

- 家事代行 ⬇ ワンオペ育児の**救世主**
- 人材紹介 ⬇ 人材不足の**スーパーヒーロー**
- パソコン修理 ⬇ パソコン故障の**レスキュー隊**

似た考え方で、**商品や売り手の特徴を「優れた人」で表現するのも効果的。**一般的な言葉でも、擬人化すれば伝わる魅力が変わります。似ている言い換え表現をご参照ください。

似ている言い換え表現

- 人気の出産祝い ⬇ 出産祝いの**人気者**
- 定番のおつまみ ⬇ おつまみ界の**スーパースター**
- 副業ビジネスで大成功した人 ⬇ 副業ビジネスの**ホームラン王**

第6章

急いで買ってもらう

あなたも、こんな経験はありませんか？

〝たまたま入ったお店で見たカバンに一目ぼれ。でも、ちょっと高い。悩んでいると店員から「残り1点で次回入荷未定です」と言われる。それならカードで買っちゃおうかな……〟

もし、「残り1点」「次回入荷未定」の情報がなかったら、どうなるでしょうか？　多くの方が「また今度考えよう」と、お店を出ます。

セールスでは「急いでもらう言葉」があるかどうかで、結果に大きな差がでます。その理由は、「興味はあるけど、また今度でいいか」と思う人が多いから。買おうかどうか悩んだお客様を逃すのは、損でしかありません。

この章では、「急いで買ってもらうための言い換え表現」を、ご紹介します。

URERU IIKAE

38

GOOD

人気のネッククーラー　緊急入荷

“おいそぎください”は、緊急性を高める魔法の言葉

←

おいそぎください
人気のネッククーラー　緊急入荷

「おいそぎください」は、たった一言で緊急性がアップする言葉。特に効果的なシチュエーションは**「①人気商品の入荷」「②期間限定キャンペーン」「③リソースが限られた商品」**です。

①**おいそぎください。**TikTokで話題の「地球グミ」を緊急入荷。
②**おいそぎください。**3ヶ月前にご予約のお客様は、宿泊料を30%オフ。
③カウンター7席の小さなお店です。**ご予約はおいそぎください。**

「①人気商品の入荷」「②期間限定キャンペーン」は、在庫や期間に余裕があったとしても「おいそぎください」の一言が、緊急性を高めます。「③リソースが限られた商品」は、そもそも数に限りがある商品とお考えください。1日の生産数が決まっている商品や、席数が少ないお店、1日の対応数が限られたサービスなどがあてはまります。③の場合は、急ぐべき理由（限られたリソース）を伝えてから「おいそぎください」を伝えれば、緊急性がアップします。

似ている言い換え表現

- **早い者勝ち。**TikTokで話題の「地球グミ」を緊急入荷
- **お見逃しなく。**3ヶ月前にご予約のお客様は、宿泊料を30%オフ
- カウンター7席の小さなお店です。**ご予約はお早めに**

URERU IIKAE

39

GOOD

売れています

〝希少性〟を加えて、
緊急性アップ

売れています（残りわずか）

「売れています」「売り切れ御免」「予約殺到」などの人気を伝える言葉や、**お得なキャンペーンを伝える言葉は、「希少性」を加えることで、緊急性がアップします。**

次の3つの視点で、希少性が感じられる言葉を考えてみましょう。

①数量⇓売れています**（残りわずか）**／半額セール**（現品限り）**
②期間⇓売れています**（次回入荷未定）**／半額セール**（次回は1年後）**
③場所⇓売れています**（このお店でしか買えません）**／**当店だけの半額セール**

「数量」「期間」「場所」のそれぞれをミックスすることでも、緊急性がアップします。たとえば『残りわずか**（次回入荷未定）**』『次回入荷未定**（このお店でしか買えません）**』『このお店でしか買えません**（残りわずか）**』のように表現できます。「希少性」は、緊急性を高める起爆剤。

ただし、**ウソの情報は法律に違反するのでご注意ください。**

似ている言い換え表現

- **スープがなくなり次第終了**⇩限られた数量で希少性を伝える
- **この時期しか食べられません**⇩限られた期間で希少性を伝える
- **開店3周年、公式サイト限定のビッグセール**⇩限られた場所で希少性を伝える

URERU IIKAE

40

GOOD

期間限定キャンペーン

期限を具体的に見せれば、もっと急いでもらえる

←

期間限定キャンペーン（9月30日午後6時まで）

期間限定のキャンペーンをするならば、具体的な期限を見せましょう。緊急性がアップして、「また今度でいいか」と思うお客さんを減らせます。

- 期間限定**（9月30日23時59分で受付終了）**
- **毎週火曜12時から14時まで限定の**タイムセール
- もうすぐ値上げ**（10月3日24時から）**

ただし、「もうすぐ値上げ！　3ヶ月以内にお申込みください」のように、期限がかなり先の場合は逆効果。「また今度でいいか」と思うお客様を増やします。期限に余裕がある場合は、97ページでお伝えした「おいそぎください」や「早い者勝ち」「お見逃しなく」「お早めに」を使いましょう。『タイムセール**（早い者勝ち）**』のように表現します。**期限を具体的に見せる考え方は、数量限定のキャンペーンでもおなじ。**「似ている言い換え表現」をご参照ください。

似ている言い換え表現

- 今すぐお申込みください**（残り18名）**
- まだ間に合います**（残り5名）**
- 空席あり**（8名様すぐにご案内できます）**

URERU IIKAE

41

GOOD

おひとりさま、1個まで

たくさん売りたいなら、〃あえて限定数を増やす〃

←

おひとりさま、3個まで

「お一人様○個まで」の表現は、緊急性を高めます。一人あたりの販売数を限定しなければ、すぐに売り切れることを感じさせるからです。**何個あっても困らない商品を、たくさん売りたいときは、一人あたりの限定数を増やしてください。**「お一人様1個まで」ではなく**「お一人様3個まで」**と伝えれば、3個買う人が増えて売上が増えます。これは「アンカリング」と呼ばれる心理効果が働くから。

「アンカリング」とは、最初に見た数字が、後の判断に影響する心理のこと。ノーベル経済学賞を受賞した心理学者、ダニエル・カーネマンの著書『ファスト&スロー』では、次のような事例が紹介されています。

（事例）スーパーが、スープ缶を約10%引きでセール。「お一人様12個まで」と「お一人様何個でもどうぞ」の2つの張り紙を使用。「お一人様12個まで」の掲載期間は、1日の平均購入数が7缶。「お一人様何個でもどうぞ」の掲載期間よりも2倍売れた。理由は「12個」が、読み手の判断基準（アンカー）になったから。

よくみるアンカリング表現

- ~~定価10000円~~ ⬇ 5800円

※よくみるこの価格表記も「アンカリング」。定価10000円が、読み手の判断基準（アンカー）として埋め込まれ、お客様は値引きの価値を正しく理解します

URERU IIKAE

42

GOOD

キャンペーン終了

←

“後悔を刺激”して、
次につなげる

キャンペーン終了
もう、お申込みできません

キャンペーン終了の案内をだすとき、多くの会社が「キャンペーン終了。ありがとうございました。」のように伝えます。これは、非常にもったいない。

もし、次回も似たようなキャンペーンをするのであれば、買わなかったお客様へ、「失った機会の重さ」を伝えましょう。

「あなたは、めったにないチャンスを逃しました」と伝えるのです。そうすることで、「やっぱり買っておけばよかった」と後悔する人が増え、次のキャンペーンでは、急いで反応してもらえます。

緊急性を高めるタイミングは、キャンペーン中だけではありません。**「失ってから、その大切さに気付く」と言いますが、キャンペーンが終了したあとだからこそ、使える戦略もあります。**この考え方は、人気商品が完売して、次回の入荷予定があるときもおなじです。

- 完売しました**（もう、お申込みできません）**
- 予約受付は終了しました**（もう、お申込みできません）**

似ている言い換え表現

- キャンペーン終了**（通常価格にもどります）**
- 予約受付は終了しました**（キャンセルが出次第ご案内）**
- 完売しました**（次回入荷をお待ちください）**

URERU IIKAE

43

GOOD

どうしますか？

“買う・買わない”を、“比較検討”に変える

どちらにしますか？

申込みを決断してもらうときに、効果的な表現があります。それは、「どうしますか?」ではなく、**2つの選択肢を並べて「どちらにしますか?」と尋ねる**表現法。

「どうしますか?」は、「Yes・No」の選択を委ねる質問です。ノーベル経済学賞を受賞した心理学者、ダニエル・カーネマンの「プロスペクト理論」によると、**人は、何かを得る喜びよりも、何かを失う痛みを2倍以上強く感じる**ことが示されました。購入や申込みで失う痛みとは「お金」。つまり、「どうしますか?」の質問だと、申し込まない方が選ばれがちです。

「どちらにしますか?」は、買う前提の質問です。**たった一言ですが、「買う・買わないと迷う世界」から「どちらを選ぼうかの世界」へ誘導できるため、成約が増えます。**

ただし、**「どちらにしますか?」が効くのは、読み手が商品の価値をわかっているときのみ。**たいして興味を持っていないお客さんへ「どちらにしますか?」と尋ねても、いらないものを選ばされている感覚になるので、ご注意ください。

知って得する「松竹梅の法則」

「高いプラン(松)」「中間プラン(竹)」「安いプラン(梅)」の3つを用意して「どれにしますか?」と尋ねる方法も効果的。もっとも安全そうな「中間プラン」を選ぶ人が増えます。つまり、**売りたい商品を「竹」で設定するのがポイント**です。

第 7 章

「何かすごそう!」ワクワク感でつかむ

次の2つの言葉を見比べてください。どちらに興味を惹かれますか？

【A】小顔メイク　【B】ちょっとずるい小顔メイク

【A】すごいアイデア　【B】悪魔的なアイデア

【A】型破りな和菓子職人　【B】ロックな和菓子職人

【B】の方が「何かすごそう」「おもしろそう」と感じませんか？　このように、わずかな言葉で、読み手が持つ印象は変わります。

この章では、読み手が「何かすごそう」とワクワクしてしまう、言い換え表現をご紹介します。何かを売るときのコピーだけではなく、ブログやSNS、YouTubeや電子書籍などの情報コンテンツ、肩書やハンドルネームでも使える表現が学べます。

URERU IIKAE

44

GOOD

小顔メイク

〝ずるい〟は、好奇心を刺激する「ずるい言葉」

ちょっとずるい、小顔メイク

「ずるい」は、たった3文字で印象が大きく変わるパワーワード。たとえば、【A】と【B】の言葉を見比べてください。

【A】イエスを引き出す、**すごい会話術**　【B】イエスを引き出す、**ずるい会話術**

【A】も悪くありませんが、**【B】は、悪用してはならない危険な効果を感じませんか？**

わたしたちは、カンニングやドーピングのように、ズルをした方が、手っ取り早く結果が得られることを知っています。**つまり、「ずるい○○」は、胸を張れることではないけれども、高い効果を期待させる表現。**また、秘密の情報をイメージさせるため、ワクワク感を刺激します。

「ずるい○○」は、有益な方法を語るときに、相性の良い表現です。「ずるい営業法」「ずるい高見えコーデ」「ずるい釣り餌」など、いろんな表現ができるので、効果的にご活用ください。

また、**ソフトな印象にしたいときは「ちょっとずるい○○」と表現しましょう。**

「ずるい○○」を応用した表現

- ○○は知っている、ずるい○○ ↓ **東大生は知っている、ずるい勉強法**
- ずるいけど効果的な○○ ↓ **ずるいけど効果的なキャッチコピー作成法**
- ちょっとずるい○○の裏ワザ ↓ **ちょっとずるいSNS集客の裏ワザ**

URERU IIKAE

45

これまでにないアイデア

〝斜め上を行く〟で、これまでにないおもしろさを感じさせる

←

GOOD

斜め上を行くアイデア

「何かすごそう」とワクワクしてもらうには、「おもしろそうな感じ」が欠かせません。別の言い方をすれば「エンタメ感」です。

これまでにない新しさを伝えるとき、「斜め上を行く」を使えば、エンタメ感を匂わせながら、読み手の好奇心を刺激できます。たとえば、「上を行くアイデア」よりも「斜め上を行くアイデア」と言われた方が、ひねりの利《き》いた、おもしろいアイデアを想像しませんか？

「これまでにないノンアル飲料　⇒　想像の斜め上を行くノンアル飲料」のように、**一般的な商品に「斜め上を行く」を添えるだけでも、印象が大きく変わります。**

「斜め上を行く」は、近年、ネットスラングとして普及した言葉です。現在は、『三省堂国語辞典』にも掲載されていますが、ターゲットがネットに疎い場合はご注意ください。見慣れない言葉は、受け入れてもらえません。

「これまでにない」「かつてない」「今までにない」などの表現を使いたくなったら「斜め上を行く」に言い換えてみてください。もっと刺激的な表現に出会えます。

ワクワク感を刺激する表現

- **「これはやられた」「そうきたか」「思わずうなる」「こりゃまいった」「目からウロコ」**などの、感動を表す言葉を添えると、さらにワクワク感を刺激できます
- **これはやられた！**　斜め上を行くビジネスアイデア

URERU IIKAE

46

GOOD

炭水化物をガマンしない おどろきのダイエット

〝非常識〟は、
これまでにない
刺激的な情報を
予感させる。

←

炭水化物をガマンしない 非常識なダイエット

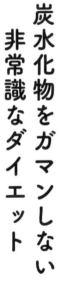

意外性の高い情報を伝えるとき、「非常識」を使うと、ワクワク感がアップします。「非常識」は、通常ではありえない考え方や、行動を意味する言葉。これまでに出会ったことのない、刺激的な情報を感じさせる言葉です。

「非常識」を使うときは、ベネフィットが感じられる言葉を入れてください。そうすることで、意外性の高さだけではなく、価値の高い情報であることが伝わります。

× 非常識なビジネス ⇓ ○ 非常識な**儲かる**ビジネス

× 非常識な英語学習 ⇓ ○ **3ヶ月で別人に、**非常識な英語学習

× 非常識な資産運用 ⇓ ○ **もっと早く知りたかった、**非常識な資産運用

「非常識」は、「斜め上を行く」に言い換えできるときもあります。両方とも、これまでにない新しさを期待させる言葉だからです。「似ている言い換え表現」をご参照ください。

似ている言い換え表現

- 非常識な儲かるビジネス ↓ **斜め上を行く**儲かるビジネス
- 成功者続出、非常識な転職 ↓ 成功者続出、**斜め上を行く**転職活動
- 3ヶ月で別人に、非常識な英語学習 ↓ 3ヶ月で別人に、**斜め上を行く**英語学習

URERU IIKAE

47

GOOD

型破りな和菓子職人

“ロック”を使えば、より尖った存在としてアピールできる

←

ロックな和菓子職人

肩書やハンドルネームを考えるとき、「ロックな〇〇」は、効果的な表現の1つ。

「ロック」は、反骨精神をイメージさせる言葉です。周りに流されることなく、権力に屈することなく、媚びることなく信念を貫こうとする強い心、情熱を感じさせます。そのため**「ロックな〇〇」で表現すると、より尖った存在として自身をアピールできます。**

次の2つを見比べてください。より尖った印象を持つのは、どちらでしょうか？

【A】マジでうまい野菜しか売らない八百屋

【B】マジでうまい野菜しか売らない**ロック**な八百屋

「ロックな〇〇」は、常識にとらわれず、ぶっ飛んだことをやってくれそうな雰囲気がするため、ワクワク感も刺激されます。特に、お堅いイメージを持たれている仕事では、ロックを使うと効果的。ギャップが強く働き、注目度がアップします（ロックな税理士など）。

似ている言い換え表現

- **破天荒**な和菓子職人
- **孤高**の和菓子職人
- **異色**の和菓子職人
- **ぶっ飛んだ**和菓子職人
- 和菓子業界の**アウトロー**
- 和菓子業界の**反逆者**
- 和菓子業界の**異端児**
- 和菓子業界の**暴れん坊**
- 和菓子の**常識をぶっ壊す男**

URERU IIKAE

48

GOOD

すごいアプリ

↓

神アプリ

〝神〟は、常識を超えた強大なパワーを感じさせる

「神対応」「マジ神」「神ってる」など、近年、「神」を使った表現をよくみるようになりました。大きな感動や、スゴイことを伝えるときに、よく使われています。ちなみに「神ってる」は、2016年の流行語大賞に選ばれました。

「神」は、常識を超えた強大なパワーを感じさせる言葉。また、尊い言葉なので見た目にも目立ちます。「すごさ」を表現するときは、「神」で言い換えできないかを考えてみてください。うまくハマれば、読み手がワクワクするインパクトの強い言葉が生まれます。

- すごく使いやすい動画編集アプリ ⇩ 動画編集の**神アプリ**
- すごく効果的なダイエット ⇩ **神やせ**ダイエット
- 集客効果がすごいブログの作り方 ⇩ **神ブログ**作成法

「悪魔」や「鬼」も、「神」と似て強大なパワーを感じさせるインパクトの強い言葉です。

「悪魔」と「鬼」の表現例

- 食べ過ぎ注意！　至福のピザトースト ⇩ 食べ過ぎ注意！　**悪魔の**ピザトースト
- 反応を増やす、広告テストのプロ ⇩ 反応を増やす、広告テストの**鬼**

※「悪魔」は、危険な魅力を感じさせ、「鬼」は、常人離れした能力を感じさせる

UREKU IIKAE

49

GOOD

売れるコピーのテンプレート50選

“永久保存版”で、情報価値をグンと高める

↓

【永久保存版】売れるコピーのテンプレート50選

ネットで有益な情報に出会ったとき、あなたはどうしますか？　おそらく、ブックマークなどで、いつでも閲覧できるよう保存するでしょう。

ブログやYouTube、SNSなどで情報発信をするとき、「永久保存版」を添えると効果的です。手元に残しておきたくなるほどの情報価値を期待させます。

「永久保存版」は、文章の最初に添えてください。また、**【　】**で囲むなどして、なるべく目立たせましょう。**最初に「永久保存版」を見ることで、読み手は、価値の高い情報として、あなたのメッセージを読んでくれます。**

激ウマ神レシピ10選【永久保存版】

⬇

【永久保存版】激ウマ神レシピ10選

毎回のように「永久保存版」と表現するのは良くありません。「またコレか」と思われたら、情報価値を、低く見積もられます。**ここぞというタイミングで「永久保存版」を使いましょう。**

似ている言い換え表現

【ブクマ必須】や**【完全版】**も、保存価値が高そうに見える表現です

※インスタグラムのストーリーのように、すぐに消える動画の場合、「**スクショの準備はできていますか？**」と、最初に問いかけるのも効果的です

URERU IIKAE

50

究極の家飲みワイン

←

“スラング”を使えば、エンタメ感がアップしてワクワクする

GOOD

家飲みワインは、これで優勝

素晴らしいことを表現するとき、「究極」や「最高」「至福」「バツグン」「極上」「唯一無二」などの言葉が、使われがちです。これらの言葉も悪くありませんが、**〝スラング〟を使えば、エンタメ感が高くなり、読み手をワクワクさせます。**

例文でお伝えした「優勝」ですが、本来の意味は、コンテストなどの競技会で1位になること。しかし、ネットでは、素晴らしいことを例えるときのスラングとしてよく使われます。「優勝」と似た表現として**「レベチ」**や**「〇〇しか勝たん」**などがあります。

- レベチ（他よりもはるかに優れていること）⬇朝食が**レベチ**のビジネスホテル
- 〇〇しか勝たん（イチオシすること）⬇寒い夜は、おでんに熱燗《あつかん》**しか勝たん**

スラングを使うと、言葉の印象が親しみやすくなる反面、不真面目な印象をもたらします。そのため、**ビジネス文書など、フォーマルな案内では向いていないのでご注意ください。**

知っておいて損のないスラング

- 爆上げ（爆発的に上昇すること）⬇**金運爆上げ**のパワースポット
- 爆誕（衝撃的に誕生すること）⬇**爆誕！**　スマホでLP（ランディングページ）が作れる神アプリ
- エモい（感情が揺さぶられること）⬇**エモい**スピーチ

URERU IIKAE

51

和食好きに、ピッタリの日本酒

激しい表現で、「何かすごそう」と思ってもらう

←

GOOD

和食好きに、ぶっ刺さる日本酒

「ぶっ刺さる」「ぶっ壊す」「ぶっ潰す」「ぶっ飛ばす」「ぶっ飛んだ」など、「ぶっ○○」の言葉は、激しい印象をもたらします。語り手の熱量が伝わるパワフルな言葉のため、読み手をワクワクさせます。

- 言うことを聞かない部下に響く言葉 ⬇ 言うことを聞かない部下に**ぶっ刺さる言葉**
- 勉強の常識を覆すアプリ ⬇ 勉強の常識を**ぶっ壊すアプリ**
- お金が貯まらない原因を無くす方法 ⬇ お金が貯まらない原因を、**ぶっ潰す方法**
- 睡眠不足を改善しよう ⬇ 睡眠不足を**ぶっ飛ばそう**
- 会議がザワつく、すごいプレゼン ⬇ 会議がザワつく、**ぶっ飛んだプレゼン**

「ぶっ壊す」「ぶっ潰す」「ぶっ飛ばす」「ぶっ飛んだ」は、先に述べた「ロックな○○」のように、**尖った感じを演出できるため、肩書やハンドルネームで使うのも効果的です。**

肩書やハンドルネームで使った例

- 「勉強がつまらない」**をぶっ壊す**、ロックな家庭教師
- 痛みの原因をかたっぱしから**ぶっ潰す**、腰痛治療の鬼
- 節税の悩みを、30日で**ぶっ飛ばす**税理士
- 売れない商品が大好物の、**ぶっ飛んだ**集客コンサルタント

URERU IIKAE

52

GOOD

チ●ンラーメンのアレンジレシピ

"変化"を、おもしろく表現して、ワクワク感を高める

↓

チ●ンラーメンの魔改造レシピ

「おどろきの変化」は、人の好奇心を強く刺激します。何がどれだけ変わったのか？　なぜ、変わったのか？　未完了に魅かれる**「ツァイガルニク効果」**が働き、読み手をウズウズさせます。

何かの変化を読み手に訴えるときに、おすすめなのが「魔改造」。「魔改造」は、プラモデルやフィギュアなどの分野で使われていたスラングです。現在は、「斬新な発想で、大きな変化が生まれた」そんなニュアンスを感じさせる言葉として、いろんなジャンルで使われるようになりました。料理のレシピやファッション、リフォームなどでも使われています。

特に、SNSやブログ、YouTubeなど、情報発信のタイトルに「魔改造」を使うと、エンタメ感がアップして読み手をワクワクさせます。

● 3000円の中古ギターを改造してみた ⬇ 3000円の中古ギターを**魔改造**してみた

また、「神」とおなじく「魔」は、見た目に目立つのもメリットの1つです。

似ている言い換え表現

● 大変身 ⬇ ボロボロだった築50年の家が、オシャレなカフェに**大変身**
● 大逆転 ⬇ 金なし、コネなし、経験なしの私が、人生**大逆転**した方法
● 大化け ⬇ 営業最下位の彼が、トップセールスマンに**大化け**した理由

URERU IIKAE

53

GOOD

成功する方法

←

「成功する脳」の作り方

“○○脳”は、ふつうの情報を、特別な情報に格上げする

わたしたちは、脳が、感情や思考、行動をつかさどることをわかっています。そのため、**多くの人が、脳の働きがよくなれば、もっと上手くいくことが増えるのではないか？　と期待します。**この期待を〝突き刺す〟表現法が「○○脳の作り方」。

「○○脳の作り方」を使うと、ふつうの情報でも、特別な情報に映ります。その理由は、根本的なところからの成長や変化を感じさせる言葉だから。また、**大きな可能性を秘めた身体の一部を使う表現のため、再現性の高さが感じられるのもメリット。**「脳」は、大切な臓器なので、注目されやすい言葉でもあります。「○○」には、ベネフィットが感じられる言葉を入れ、そのあとは**「作り方」「使い方」「磨き方」「トレーニング（トレ）」「鍛え方」**などを入れて考えましょう。

- 太らない方法 ⇩ 太らない**脳の作り方**
- 学習効果を2倍にする方法 ⇩ 学習効果を2倍にする**脳の使い方**
- 幸せを呼ぶ方法 ⇩ 幸せを呼ぶ**脳の磨き方**

似ている言い換え表現

造語を作ると独自性や新しさが伝わります。（例：ダイエットが習慣化する「**モデル脳**」の作り方）。上手くいかない原因を「脳の使い方」で表現する方法も、再現性の高さを印象付けるので効果的です（例：英語が上達しないのは、**脳の使い方**が9割）

URERU IIKAE

54

GOOD

家電に詳しい人

〝偏愛〟を見せれば、
専門性に
すごみが増す

←

家電バカ

専門性の高さを伝えるとき、「偏愛」を感じさせる表現にすると、すごみが増します。たとえば「ジャニーズ大好きです」より「ジャニオタです」と言われた方が、強烈な熱量を感じませんか？　偏愛による専門性は、常人離れした知識と経験を持っていることを感じさせます。

「偏愛」を感じさせる表現は、**「〇〇バカ」「〇〇マニア」「〇〇オタク（オタ）」「〇〇コレクター」「〇〇を偏愛する」**などがあります。肩書やハンドルネームだけではなく、情報発信のタイトルにも使えるので、例文をご参照ください。

- **家電バカ**がこっそり教える、買ってはいけない掃除機の見極め方
- **食パンマニア**がたどり着いた、マジで美味いトーストの作り方
- **美容オタク**が、絶対に食べないお肌に悪いもの
- 情報商材に500万円を突っ込んだ、**ノウハウコレクター**の告白
- **カワハギ釣りを偏愛する男**が開発した、ヤバい仕掛け

似ている言い換え表現

- 〇〇博士 → **スパイス博士**が教える、レトルトカレーを10倍楽しむ方法
- 〇〇信者 → **アップル信者**も認めた、iPhoneの意外な欠点
- 〇〇の変態 → **肉体改造の変態**が教える、5回で効く悪魔のスクワット

URERU IIKAE

55

GOOD

100万円が貯まる、貯金箱

“本気の”を添えると、格上感がアップ

←

100万円が貯まる、本気の貯金箱

情報に凄みをもたらしたいとき「本気の」は、効果的です。たった3文字ですが、さらに上を行く印象を与えます。見比べてみると、違いがよくわかるでしょう。

- ゴルフ上達法 ⬇ **本気の**ゴルフ上達法
- ミルクコーヒー ⬇ **本気の**ミルクコーヒー
- 在庫セール ⬇ **本気の**在庫セール
- 節税対策 ⬇ **本気の**節税対策

なぜ、「本気の」を使うと、言葉の印象が変わるのか？　その理由はシンプル。語り手の熱量や、こだわりが伝わるからです。また、**「他とは違って、私たちは手を抜きません」のような意味を暗に伝え、他よりも優れた印象を持たれる効果もあります。**より濃い情報や、より質の高い商品が求められるとき、「本気の」は、特に相性の良い言葉です。

似ている言い換え表現

- ○○が本気で作った ⬇ 元刑事が、**本気で作った**防犯グッズ
- ○○が本気だしてきた ⬇ コンビニコーヒーが、**本気だしてきた**
- 本気で○○する ⬇ **本気で**脱サラする方法

URERU IIKAE

56

GOOD

効果的な集客

"危険な香り"は、ワクワク感を刺激する

←

ヤバい集客

「ヤバい」は、危険な香りで人を注目させる言葉です。身の安全を守るために危険な情報へ注目するのは、人間の本能。また、普段知ることができない情報をイメージさせるため、好奇心が刺激されます。

「食べるとヤバい●●」のように、注意喚起するときも効果的ですが、**優れた商品効果を「ヤバい○○」と伝えれば、もっと多くの読み手が注目してくれます。**次の例文のように、効果を具体的に表現すれば、情報価値がさらにアップします。

- 効果的なヒップアップトレーニング ⇒ 1日3分でヒップアップ！ **ヤバい尻トレ**
- おいしい肉みそ ⇒ うますぎてご飯がとまらない！ **ヤバい肉みそ**

商品特徴の一部をピックアップして「○○がヤバい」と表現すれば、他との違いを強く訴える差別化表現が可能です。詳しくは4章「差別化する」（65ページ）をご参照ください。

似ている言い換え表現

- 悪用厳禁 ⇒ **悪用厳禁の営業トーク**
- 反則級 ⇒ **反則級に**飛ばせるドライバー（ゴルフ用品）

※110〜111ページでお伝えした「ずるい○○」も、似た表現です

URERU IIKAE

57

GOOD

この掃除機、吸引力がスゴイ

"モンスター級"で、強大なパワーを感じてもらう

←

この掃除機、吸引力がモンスター級

「モンスター級」は、常識を超えた強力なパワーを感じさせる言葉。「神」「悪魔」「鬼」と近い言葉ですが、「力強さ」「大きさ」「刺激」を表現したいときに効果的です。

- とにかくスゴイ、漂白パワー ⬇ **モンスター級の**漂白パワー（力強さ）
- メガ盛りパスタ ⬇ **モンスター級の**メガ盛りパスタ（大きさ）
- 激辛カレー ⬇ **モンスター級の**激辛カレー（刺激）

「モンスター」は、「神」「悪魔」「鬼」とおなじく、「畏怖」を感じさせる言葉なので、見た目に目立つのもメリット。

また**「モンスター」は、「営業モンスター」「恋愛モンスター」「フィジカルモンスター」のように、人を表現するときにも使えます。**これは「○○の鬼」と近い表現で、特定分野における常識離れした能力を感じさせます。

似ている言い換え表現

- 怪物級（怪物クラス） ⬇ **怪物級の**漂白パワー
- 化け物級（化け物クラス） ⬇ **化け物クラスの**メガ盛りパスタ
- ○○おばけ ⬇ メンタル**おばけ**（メンタルが強い人を意味する）

URERU IIKAE

58

GOOD

お片付けアドバイザー

自分の強みを、もっと魅力的に伝える

←

お片付けの先生

起業・副業ブームもあり、何かの専門家として活躍する方が増えました。**より多くのお客様に注目してもらうには、ご自身のスキルを、もっと魅力的に表現する必要があります。**

何かの業務を代行する仕事ならば、おもいきって「達人」「名人」「職人」などの言葉を使いましょう。**何かを教える仕事ならば、堂々と「先生」を名乗りましょう。**

- プロフィール撮影専門のカメラマン ⬇ プロフィール撮影**の達人**
- Ｅｘｃｅｌ業務代行サービス ⬇ Ｅｘｃｅｌ**職人**の業務代行サービス
- 食育アドバイザー ⬇ 食育**の先生**

「まだ実績が少ないから達人や先生なんて使えない」と思ったかもしれません。遠慮する気持ちもわかります。しかし、**専門家として活躍するには、自分の価値を魅力的に伝えなければ、誰も振り向いてくれません。**実績は、後からついてきます。

こっそり裏話

私がコピーライターとして独立したのは2007年。それまで広告業界にいましたが、コピーライターとしては、ほぼ素人でした。それでも、自分が最高のプロであることを伝え、たくさんの仕事を請け負いました。その結果、今、こうして本を書けるレベルになれたのです。

URERU IIKAE

59

GOOD

快適マスク

↓

感動マスク

"感動"は、たった2文字でワクワクする言葉

スゴイことを、短く表現したいとき「感動」は効果的です。たとえば、UNIQLOの「感動パンツ」は、とても秀逸な表現。特徴を具体的に伝えられなくても「いったいどんな穿《は》き心地なの？」とワクワクしますよね。

「感動」の上手な使い方は、意外性を効かせること。たいして感動を期待していない物に使うと、インパクトが強くなります。

たとえば、「感動ドラマ」と言われてもパッとしません。人々は、感動を期待してドラマを見るわけですから、あたりまえのことを言われている感じがします。ですが、**「感動ボールペン」「感動スリッパ」「感動タオル」**と言われたらどうでしょうか？　意外性を感じて、興味がわきませんか？

「感動」は、カタカナと相性の良い表現です。**「感動冷蔵庫」のように、漢字が続くと読みにくくなるのでご注意ください。**また、「感動」は、ベネフィットを加えることで、言葉のパワーが強くなります。

「ベネフィット」＋「感動」の表現例

- **字が上手く見える　感動**ボールペン
- **全力で走れる　感動**スリッパ
- **感動**タオル　**何回洗ってもフッカフカできもちいい**

第8章

安心してもらう

何かを買う直前、ほとんどの人が不安になります。「本当にこれを買うべきか」「買ったあとに後悔しないだろうか?」「これよりも、あの商品の方が良いかも」と悩みます。それなりの金額の買い物になると、この感情はさらに強くなります。

問題は、悩みに悩んだ人の多くが、買わないこと。ノーベル経済学賞を受賞した心理学者、ダニエル・カーネマンの研究(プロスペクト理論)では、人は、何かを得るよりも、失う痛みを2倍以上強く感じることが示されました。買い物で失う痛みは「お金」。多くの人は、悩みすぎると、お金を使わない方を選びます。

商品に興味を持って、購入直前まで来たお客様を逃すのは、もったいないですよね。彼らを動かすには、安心してもらう言葉が必要です。

この章では「安心してもらうための言い換え表現」をご紹介します。

URERU IIKAE

60

GOOD

“売り手の責任”を強めて、安心してもらう

約束します

←

保証します

「約束」とくらべて、「保証」は、責任感の強い言葉です。なぜなら、「保証」は、問題が生じたときに、売り手が責任をとることを意味する言葉だから。**もし、返品や、返金に応じているならば？　お客様との約束を果たせなかったときの代案を用意しているならば？　確実に約束を果たせるプランがあるならば？　「保証」を使わないのは損。**お客様へ魅力的な提案をするときは、「保証」を使って、安心感を高めましょう。

- どこよりも安いお見積りを約束します ⬇ どこよりも安いお見積りを**保証します**
- 30日以内の結果を約束します ⬇ 30日以内の結果を**保証します**

また、**保証内容を具体的に明示することで、ユーザーは、その価値をより強くイメージできます。**（例：10年間、修繕費0円を保証します。年に1回、塗装職人が壁の状態をチェックしに伺うので、放ったらしになることはありません）

似ている言い換え表現

- 老後資金2000万円を準備する方法 ⬇ 老後資金2000万円を**担保**する方法
- 完全成果報酬でWEB広告を代行します ⬇ 完全成果報酬でWEB広告を代行します（制作費用と広告費用はすべて弊社が**負担**します）

URERU IIKAE

61

月額1980円
いつでも解約OK

←

読み手の不安に
先回りする

GOOD

月額1980円
お電話1本で、いつでも解約OK

どれだけ魅力的な提案でも、多くのお客様が申込みを躊躇します。申し込んだ後のリスクを、想像するからです。**安心してもらうには、彼らが抱く不安に先回りした表現が欠かせません。**

お客様が何に不安を感じるのかを徹底的に考え、その不安を払しょくする言葉を添えましょう。

たとえば、「月額1980円　いつでも解約OK」を読んだとき、お客様は、どのような不安を抱くでしょうか？　いつでも解約できることはメリットに感じますが、解約手続きが面倒なのでは？　と不安に思う人もいるでしょう。**だからこそ、解約方法が簡単（お電話1本）であることを伝える必要があります。**（**例：月額1980円　お電話1本で、いつでも解約OK**）。

「うまい話には裏がある」と言いますが、提案が魅力的なほど、お客様の不安は強くなります。特に気を付けたいのが「無料体験」や「無料相談」を入り口にするとき。お客様が避けたいのは、無料体験中に、しつこく売り込まれること。**もし、無料を入り口に営業するならば、「お客様が不快に思う勧誘やセールスは、一切いたしません」のような言葉を添えましょう。**シンプルな一文ですが、読み手の不安を払しょくできます。

似ている言い換え表現

- 安心サポート ⬇ どんな質問にも、**笑顔で何度でも回答します**
- 売る気がなくてもお気軽にご来店ください ⬇ お売りいただかなくても**笑顔で接客します**
- 良い物件をご案内します ⬇ 良い物件をご案内しますが、**即決する必要はありません**

URERU IIKAE

62

GOOD

他とは、比べものになりません

自信があることを、
胸を張って伝える

←

他と比べてみてください

「他とは比べものになりません」と言われても、それは売り手の勝手な主張にすぎません。もし、他よりも優れた商品であるならば？　他よりも優れた条件があるならば？　**「他と比べてみてください」と伝え、実際にどこがどのように優れているかを見せましょう。**

重要になるのが、「他と比べてみてください」のすぐあとに表示する情報です。**文章量に余裕があるLPやチラシであれば、比較表を見せるのが効果的です。**サービス内容や条件が、他よりも優れていることが、すぐにわかる表を掲載してください。

POPなど、文章量が限られた媒体であれば、「比べてみてください！　当店なら○○円（他店は○○円）」のように、**他よりも優れていることを1つピックアップして語るのが良いです。**

比較表の例（パーソナルジム）

	当店	A店	B店	C店
月額料金	月額3万円	月額3万円	月額5万円	月額15万円
入会金	なし	3万円	3万円	5万円
コース	週2回×60分	週2回×50分	週2回×50分	週2回×60分
契約期間	1ヶ月から	3ヶ月から	2ヶ月から	3ヶ月から
シャワー	○	×	×	○
トレーナー	男性・女性	女性のみ	男性のみ	男性・女性
食事指導	○	○	×	○
ウェア・シューズ・タオル	レンタルなし	レンタルなし	レンタルなし	レンタル有

URERU IIKAE

63

GOOD

初心者向け

←

“初心者ならではの不安”をやわらげる

初心者向け（ゼロからスタート）

初心者向けの案内で注意したい感情があります。それは「本当にはじめてだけど大丈夫？」という不安。この不安は思っている以上に強く、ないがしろにできません。実際、初心者向けの商品やサービスに申し込んだものの、ついていけずに諦めてしまった経験を持つ人は、たくさんいます。

初心者向けの案内をするときは、「はじめてでも安心」「ゼロからスタートできる」「未経験でも大丈夫」など、彼らの不安をやわらげる言葉を添えてください。

書籍や教材など、商品が初心者向けの情報コンテンツのときは「教科書」がおすすめです。私たちは、学校教育によって教科書の入門的な価値をわかっています。おなじ考え方で、セミナーや講座など、何かを教える場を提供するときは「学校」を使うとよいでしょう。

- 副業入門書（ゼロからスタート）⇒副業の**教科書**（ゼロからスタート）
- 投資講座（未経験でも大丈夫）⇒投資の**学校**（未経験でも大丈夫）

初心者の不安をやわらげる具体的な表現例

- **経験ゼロ、知識ゼロ、人脈ゼロ**からはじめる、フリーランス起業塾
- はじめてのパソコン教室（**パソコンを触ったことがなくても大丈夫**）
- ほんとうにはじめての料理教室（**ゆでたまごからはじめます**）

URERU IIKAE

64

あの○○さんも愛用

有名人で安心させたいなら、〝共感される一言〟を添える

GOOD

禁煙に7回も失敗した
あの○○さんも愛用

タレントやスポーツ選手などの有名人をだして「あの○○さんも愛用」と伝える言葉を、どこかで見たことがあるでしょう。「有名人が使っているなら安心」という感情を抱いてもらうメッセージです。

現代は、このような情報を鵜呑みにしない人が増えています。ほとんどの人が、有名人の推薦を、よくある広告手法とみなします。特に若い世代は信用しません。

もし、有名人をだして安心感を高めたいのであれば、お客様が共感できる過去を添えてください。「●●に悩んだ、あの○○さんも愛用」のように伝えます。

- 健康食品の例 ⬇「**血圧が気になっていた、**あの○○さんも愛用」

もし、タレントが、商品のベネフィットを体現した存在であれば、その事実を補足することでも、安心感を高めることができます。「似ている言い換え表現」をご参照ください。

似ている言い換え表現

- オシャレ雑貨 ⬇「**インスタフォロワー10万人** あの○○さんも愛用」

※インスタ映えして、フォロワーを増やすことがベネフィットの場合

第9章

人気の高さを伝える

売上が簡単に増えるのは、【A】と【B】のどちらでしょうか？

【A】売れていない商品を売る

【B】売れている商品をもっと売る

答えは【B】。売れている商品を、もっと売る方が簡単です。

セールスで難しいのは、商品の価値をわかってもらうこと。売れていない商品の価値を伝えるのは、簡単ではありません。

ところが、売れている商品は、その人気を魅力的に伝えるだけで、買ってくれる人を増やせます。その理由は、人気の高さが商品価値として伝わるから。あなたの周りにも「人気があるから買った」という人はいませんか？

この章では「人気の高さを伝える表現法」をご紹介します。ちょっとした言葉の違いで、伝わる人気の高さが変わります。

URERU IIKAE

65

みんな買っています

“みんな”や“たくさん”を具体化すると、人気が伝わる

GOOD

毎月2千人が買っています

想像してください。あなたは、はじめて訪れた街で、ランチするお店を探しています。しばらく歩くと、2つの小さな定食屋を見つけました。【定食屋A】は、店内にお客さんが3名しかいません。【定食屋B】は、満席で数名がお店の外に並んでいます。

ここで質問です。どちらのお店の方が、美味しい料理をだすと思いますか？

おそらく【定食屋B】と思うでしょう。**この心理を「バンドワゴン効果」と呼びます。人は、多くから選ばれている方に価値を感じます。**

「バンドワゴン効果」は、人気を表現するときに効果的。ただし、「みんな」や「たくさん」と語るだけでは、抽象的すぎて価値が感じられません。どれほど人気なのかが、すぐにわかるよう、具体的に表現すれば、さらに高い「バンドワゴン効果」が得られます。

簡単な方法は、人数や個数を「数字」で表現すること。「1万人が買っています」「毎日30個売れています」のような表現です。いろんな表現方法があるので「似ている言い換え表現」をご参照ください。

似ている言い換え表現

- **10人に8人がリピートする人気商品です**
- **4秒に1個売れている人気商品です**
- **発売して3時間で売り切れた人気商品です**

URERU IIKAE

66

GOOD

おすすめ

〝おすすめの理由〟を伝えれば、人気がもっと伝わる

おすすめ（当店で一番人気）

もし、複数の商品を取り扱っているならば、「おすすめ」の4文字は、思っている以上に効果を発揮します。ある通販会社の事例ですが、3つの商品のうち1つに「おすすめ」と書くだけで、その商品が2倍以上売れるようになりました。

「おすすめ」が効果的な理由は、何を買えばよいのか悩む人に「安全策」を提案できるから。悩みに悩んだ人は、買わないことが多いのです（この理由は、107ページの「プロスペクト理論」をご参照ください）。しかし、「おすすめ」の4文字があるだけで、悩みに悩んでいるお客様へ「これさえ買っておけば間違いありません」と伝えることができます。また、「おすすめなら、これも買っておこうか」と、ついで買いも期待できます。

「おすすめ」を、さらに効果的な表現にするには、「おすすめの理由」を添えること。売り手が一方的におすすめしているのではなく、客観的な理由があっておすすめしているからこそ、人気が伝わります。**ただし、いろんな商品に「おすすめ」と書いてしまうと逆効果。**何を選べばよいのか、よけいにわからなくなるので、ご注意ください。

似ている言い換え表現

- おすすめ（**発売から1ヶ月で2500人以上のお客様が買っています**）
- おすすめ（**キャンプ初心者に人気のテントです**）
- おすすめ（**美容大国　韓国でバカ売れのスキンケア**）

URERU IIKAE

67

GOOD

人気ランキング1位

全体数を見せると、ランキング上位の価値がもっと伝わる

←

人気ランキング1位（300商品中）

ランキング上位の情報は、人気の高さを伝えるうえで効果的です。しかし、「人気ランキング1位」「お客様満足度1位」のような言葉だけではもったいない。何個あるなかで何位なのか、何人中何人が選んだのかなど、**ランキングの全体数を見せれば、上位の価値がさらに輝きます。**

注意点は、ランキングの全体数が少なすぎると、逆効果になること。「人気ランキング1位（8商品中）」と言われても、価値が伝わりません。場合によっては、価値を損ねる表現になります。ランキングの全体数が少なすぎるときは、別の表現で人気を伝えましょう。

ランキング上位と似た表現で、「三冠達成」のような言葉があります。**「〇冠達成」を使うときは、どのカテゴリでナンバーワンになったのかを補足してください。**そうしなければ、お客様は、人気が高い理由を知ることができず、価値が伝わりません。

- お客様投票で三冠達成（**コスパ1位・デザイン1位・使いやすさ1位**）
- 〇〇ランキング三冠達成（**ヘアケア部門・トリートメント部門・美容部門**）

似ている言い換え表現

- **売れ筋ランキング1位（全300商品中、今年いちばん売れたのがこの商品）**
- **お客様アンケート1位（1000名中976人のお客様が「とても良かった」と回答）**
- **食品部門1位（〇〇モール内5000店の中から選ばれました）**

URERU IIKAE

68

全米で人気のハードセルツァー

※「ハードセルツァー」とはアルコール入り炭酸飲料のこと

「いま」+「人気」で、流行っている感を演出

GOOD

いま、全米で人気のハードセルツァー

「人気の」「話題の」「評判の」「好評の」などの人気を伝える言葉は、「いま」を加えることで、人気の高さを強化できます。その理由は「新しさ」が感じられるから。モノや情報に溢れかえった現代においても、人は、流行に弱いものです。

「話題のダイエット」→「**いま、**話題のダイエット」

さらに**「誰に人気なのか？」「どこで人気なのか？」を具体的に表現すると、メッセージの信憑性が高まり、情報価値が高まります。**また、**「カクテルパーティー効果」**が働き、ターゲットの注目を得やすくなるのもメリット。カクテルパーティー効果とは、自分に関係する情報や、興味を持つ情報へ意識が働く心理効果のことです。

「いま、話題のダイエット」→「**外食が多い40代に、いま、**話題のダイエット」

似ている言い換え表現

- **いま、フリーランスから選ばれている、**個人年金保険
- **いま、就活中のZ世代が注目している**会社
- **いま、海外で売れている、**日本のお菓子

URERU IIKAE

69

GOOD

本日の販売は終了しました

〝あえて謝る〟ことで、人気が高くて売り切れた雰囲気に

←

ごめんなさい！
本日の販売は終了しました

数に限りのある商品を売っているなら、完売した後の案内は重要です。お店を閉めたあとのシャッターに**「本日分は売り切れました」**と書いた紙を貼るだけで、通り過ぎる人へ人気の高さを伝えることができます。

飲食や整体、美容院など、予約数が限られたサービスでも考え方はおなじ。営業中に**「本日のご予約は満席となりました」**と書いたブラックボードを置いておけば、**通り過ぎる人から「人気なのかな？」と注目していただけます。**

もし、「売り切れ」や「満席」などの情報を伝えるならば、「ごめんなさい」の一言を添えてください。**買いたいのに買えない人が多かったことを想像させ、人気の高さがより伝わります。**

さらに、**次回の案内を入れると、人気を感じたお客様からのご来店が期待できます。**

例 **ごめんなさい！**本日は売り切れのため閉店いたしました。
明日の営業は朝10時から。ご来店をお待ちしております。

予約満席の表現例

- **ごめんなさい！**本日のご予約は満席となりました。
明日以降のご予約については、店内のスタッフへお気軽にお問合せください

URERU IIKAE

70

GOOD

当店イチオシのロカボ弁当

誰がイチオシするかで、人気の伝わり方が変わる

↓

ダイエット中のスタッフイチオシのロカボ弁当

「イチオシ」という表現もよく見ます。どれにしようか悩んでいる人からすれば、「イチオシ」は重要な情報ですが、もっとひねりたいところ。**「イチオシ」の効果を高めるには、信用できる人が推している事実が必要です。**そこでよく使われるのが「スタッフ イチオシ」「店長 イチオシ」「バイヤー イチオシ」などの表現。悪くありませんが、売り手目線の一方的なセールスに見えるリスクがあります。

重要なのは、信用できる人が推している事実。**「①経験豊富な売り手」「②消費者が共感できる売り手」「③信用できる消費者」「④専門家」を引き合いにして「イチオシ」しましょう。**

① **総菜部門30年のスタッフがイチオシする**「ぶりの照り焼き」

② **くせ毛に悩むスタッフイチオシ**のシャンプー

③ **リピーター**イチオシ

④ **元銀行員イチオシ**の外貨預金

似ている言い換え表現

- **くせ毛に悩むスタッフが選んだ**シャンプー
- **くせ毛に悩むスタッフがベタ褒めの**シャンプー
- **くせ毛に悩むスタッフ愛用の**シャンプー

※159ページでお伝えした「おすすめ」も近い表現です

URERU IIKAE

71

GOOD

1万人が選んだ
ベストガジェット2023

〝殿堂入り〟を
添えれば、
ベスト○○が
もっと輝く

←

【殿堂入り】1万人が選んだ
ベストガジェット2023

人気商品を「ベスト○○」のようにランキング形式で見せるのも、売上を増やす効果的な方法です。何を買えばよいのか悩むお客様にとって、参考基準になるからです。また、**「ベスト○○」は、エンタメ感が強いため、知らなかった商品への関心を高める効果も期待できます。**

「ベスト○○」を使うときは、2つのことに注意してください。**1つめは、何を元にランキングを作ったのかを明示すること。**例文だと「1万人が選んだ」が該当します。売り手が一方的に決めたランキングに興味は持てません。販売数やお客様アンケートなど、客観的な情報に基づいたランキングであることを示しましょう。**2つめは、集計期間を明示すること。**例文だと「2023」が該当します。ベスト形式のランキングは、古い情報だと価値がありません。ランキングが新しい情報に基づいていることを伝える必要があります。

そして、裏ワザ的に使いたいのが**「殿堂入り」**。「殿堂入り」は、不動の人気を得たことをイメージさせる言葉です。**通常、ランキングは、浮き沈みの激しい瞬間的な人気情報として見られがちですが、「殿堂入り」を加えることで、安定した人気を感じさせます。**

似ている言い換え表現

【永久保存版】1万人が選んだベストガジェット2023

※「永久保存版」は、ランキング表示以外の、有益な情報を伝えるときにも有効な言葉。
詳しくは、121ページを参照

第10章

ターゲットを狙い撃つ

コピーの反応を高めたいなら、ターゲットの絞り込みは欠かせません。たとえば、「爆売中学生」（〝爆売中学校〟という架空の学校の生徒）の親の気持ちになって、次の2つを見比べてください。

【A】お子様が中学生のご家庭へ
【B】お子様が「爆売中学生」のご家庭へ

間違いなく【B】に注目するでしょう。ターゲットから見て、明らかに自分へ関係する情報です。「ターゲットを絞ると母数が減って、売上が減るのでは？」と不安になる人も多いですが、そもそも広告は読まれません。この高い壁を突破するには、まずターゲットを絞り込む。そして「他でもないあなたのための情報」と表現し、自分事として感じてもらう必要があります。

この章では「ターゲットを狙い撃つ言い換え表現」をご紹介します。

URERU IIKAE

72

GOOD

子育てに悩むママへ

悩みを具体的にして「自分のための情報だ」と感じてもらう

←

ワンオペに疲れたママへ

「〇〇のあなたへ」は、多くの広告で使われている表現です。特に有効なのが、折込みチラシやポスティング、セグメント機能が弱いＷＥＢ媒体など、不特定多数に露出される広告です。

「〇〇のあなたへ」と語りかけることで、より多くのターゲットが注目してくれます。「〇〇のあなたへ」の表現は、「〇〇」を具体的に描写することで、より高い絞り込み効果が期待できます。その理由は、１６３ページでご紹介した「カクテルパーティー効果」が強まるから。また、「〇〇」の表現を、心の声で描写するのも効果的。ターゲットから共感されやすくなります。

- ワンオペに疲れたママへ　→　**「もう、どうにかなりそう」**ワンオペに疲れたママへ

例文では、ターゲットの悩みを具体的に描写しました。他にも、条件やターゲット属性、興味関心を具体的に描写するのも有効です。「似ている言い換え表現」をご参照ください。

似ている言い換え表現

- 三宮駅徒歩５分、**社員10名以下の賃貸オフィスをお探しの方へ**（条件）
- **7歳以下のお子様が2人いる**子育て世帯へ（ターゲット属性）
- **iDeCoとNISA**のデメリットを知りたい方へ（興味関心）

URERU IIKAE

73

GOOD

年収500万円以上の方に
おすすめです

“禁止表現”で、
ターゲットから
もっと注目してもらう

←

年収500万円以下の方には
おすすめしません

「○○の方におすすめ」も、よく見る表現です。○○を具体的に描写すれば、「カクテルパーティー効果」が強く働き、ターゲットから注目してもらいやすくなります。

「○○の方におすすめ」をさらに強化したければ、「禁止表現」を使いましょう。「禁止表現」とは、わかりやすく言えば「○○しないでください」の表現です。例文の「おすすめしません」は、「申し込まないでください」を、それとなく知らせています。

なぜ、「禁止表現」を使うのか？　1つめの理由は、特別感がでるから。**「年収500万円以下の方にはおすすめしません」と言われると、年収500万円以上の人は、自分を特別な存在に感じます。**その結果、当事者意識が高まり、絞り込み効果がアップします。

2つめの理由は、「カリギュラ効果」が働くから。**「カリギュラ効果」とは、禁止されるほど強い関心を持つ心理効果のこと。**たとえば「関係者以外立ち入り禁止」の看板を見ると、よけいにその先が知りたくなります。つまり、「○○の方におすすめ」に「禁止表現」を使えば、絞り込んだターゲットから、もっと注目してもらえるようになります。

似ている言い換え表現

- 質より量をお求めの方は、**買わないでください**
- カップル以外のご予約は、**ご遠慮いただいております**
- プラチナカードの会員様**のみ**、お申込みいただけます

URERU IIKAE

74

GOOD

あなたも、すぐに英語が話せます

“あてはまる条件”を見せて、当事者意識を強める

↓

もし、中学英語を少し覚えているなら
あなたもすぐに、英語が話せます

「もし、〇〇ならば、●●できます」は、セールスコピーで有名な表現法です。「〇〇」には、ターゲットにあてはまる条件を入れ、「●●」では、ベネフィットを語ります。

- もし、**年収400万円以上**なら、あなたも**FIRE**できます

ターゲットを絞り込むコピーでは、対象を具体的に絞り込み「他でもないあなたのための情報です」と伝えるのが一般的です。しかし、この表現法は、**ターゲットならば、誰でもあてはまる条件を入れるのがポイント。**

例文では「もし、中学英語を少し覚えているなら」と書きましたが、英語に興味がある人のほとんどにあてはまる条件です。それでも、当事者意識が芽生えるのは、次の文で見せるベネフィットに興味を抱くから。**「もし、〇〇ならば、●●できます」は、相手が欲しいものを見せてから「今のあなたなら、手に入れる資格がある」と言われるのとおなじです。**

「もし、〇〇ならば、●●できます」の使い方

〇〇 ⬇ ターゲットならば誰でもあてはまる条件
●● ⬇ ターゲットが求めるベネフィット
※「もし」は、ピタッとこない場合は省いてOK

URERU IIKAE

75

GOOD

もっと、結果をだしたい方へ

“読み手の理想”で絞り込み、バンドワゴン効果で強化する

←

結果をだす人は、みんなやっています

ターゲットを絞り込むとき、「過去」「現在」「未来」の時間軸で考えると、いろんな表現を考えることができます。「過去にどんな失敗や問題を経験したのか？」「現在、どんな悩みを抱えているのか？」「将来、どんな自分になりたいのか？」といった視点です。

※転職サービスを販売するときの絞り込み 例

【過去】**転職で失敗したことがある**あなたへ
【現在】**今の職場に不満を持っている**あなたへ
【未来】**いつかは、海外で働きたい**あなたへ

例文にある「〇〇の人は、みんなやっています」は、「未来」で絞り込んだときに効果的な表現法。「〇〇」には、ターゲットが理想とする人物像を入れます。**「みんなやっています」の一言が、「バンドワゴン効果」（157ページ参照）をもたらすため、効果的な表現です。**

似ている言い換え表現

結果をだす人は、**みんな知っています**
投資で儲けている人は、**みんなはじめています**
外資系に就職できた人は、**みんな経験しています**

URERU IIKAE

76

GOOD

仕事を辞めたい方へ

そんなあなた
だからこそ
〝今、まさに必要〟
と感じてもらう

←

仕事を辞めたくなったら、読む本

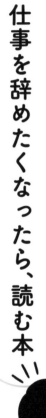

「〇〇になったら●●」も、ターゲットを狙い撃つときにおすすめの表現法です。「〇〇」には、ターゲットの状況を入れて、「●●」には、商品や提案したいことを入れます。

- **ボヤけはじめたら、このサプリ**
- **フォロワーが300人を超えたら、必ず試してほしい7つの販促法**
- **孫ができたら知っておきたい3つのこと**

「〇〇になったら●●」は、「●●のあなたへ」とは、使い方が異なります。「〇〇になったら●●」は、当事者意識を抱いてもらったすぐ後に、何かを提案する表現です。そのため、**あるていど商品価値がわかっているターゲットや、具体的な解決策を探しているターゲットを狙うときに効果的。**短い文章で、当事者意識を高めながら、商品や提案について「今まさに必要かも……」と感じてもらえます。

似ている言い換え表現

- 「**ターゲットの感情**」＋「**そんなあなたに〇〇**」
- ↓「疲れがとれない」そんなあなたに、グッスリ枕
- ↓「そろそろ結婚したい」そんなあなたに、本気の婚活アプリ

URERU IIKAE

77

GOOD

誰でも楽しめる
スコッチウィスキー

〝みんなの〟は、
窓口を広げる
最強ワード

←

みんなのスコッチ

ここまで、ターゲットを絞り込み、注目してもらうための表現をお伝えしてきました。今回は、逆パターンです。**ターゲットを広げたいときに、効果的な表現法をお伝えします。**

その表現は「みんなの○○」です。**この表現を使えば、専門的なこと、難しそうなこと、ハードルが高そうなことについて、やさしくオープンな印象をもたらします。**また、たくさんの人に選ばれているようなイメージも与えます。

「みんなの○○」で重要なのは「ギャップ」です。「○○」に入れる言葉は、一部の人たちが嗜んでいることを入れましょう。すでに広く親しまれていることを入れても、窓口を広げる効果は得られません。たとえば「みんなの観葉植物」と言われても「ふ〜ん」と思うだけです。しかし「みんなの盆栽」と言われたら、印象が変わりますよね？

すでに存在している商品名ですが**「みんなのゴルフ」「みんなの確定申告」「みんなのFX」**は、窓口を広げるうえで秀逸な表現と言えるでしょう。ちなみに、弊社の名前は「みんなのコピー」。ハードルが高そうなコピーライティングを、世間一般に広めたい想いで名付けました。

似ている言い換え表現

- **大衆フレンチ**　※「大衆」↓ 高いイメージを持たれていることの窓口を広げる
- **やさしい不動産投資**　※「やさしい」↓ 難しそうなことの窓口を広げる
- **エブリバディ柔術**　※「エブリバディ」↓ ハードルが高そうなことの窓口を広げる

第11章

続きが気になる表現

「その一文は、次の文章を読ませるためにある」

この考え方は、あらゆる文章で大切です。LP（ランディングページ）やブログ、メール、LINE、SNSなど、どんな媒体でも、最後まで読んでもらえなければ、期待する反応は得られません。読み手の好奇心を刺激し、続きが読みたくなる表現が必要です。

特に、最初に見せる言葉は重要。LPのキャッチコピー、ブログのタイトル、メールの件名、LINEやツイッターの一言目など、読み手は、最初に見る言葉で、続きを読むかどうかを一瞬で判断します。

YouTubeなどの動画媒体でもおなじです。ユーザーが最初に目にするサムネイルやタイトルのコピーで興味をつかまなければ、どれだけ素晴らしい動画でも視聴してもらえません。

この章では「続きが気になる言い換え表現」をご紹介します。

URERU IIKAE

78

GOOD

淡路島の穴場グルメ

“秘密感”を高めて、
読み手の好奇心を
わしづかみ

←

本当は教えたくない
淡路島の穴場グルメ

「本当は教えたくない」を使えば、見た目の情報価値と、読み手の期待値がアップします。その理由は、3つの心理が働くから。

1つめは「スノッブ効果」。「ここでしか買えない」と言われたら、どうでしょう？　多くの人が、その価値を高く見積もります。スノッブ効果とは、**誰もが簡単に手に入るものに価値を低く感じ、入手困難なものに高い価値を感じる心理効果**のこと。「本当は教えたくない」と言われると、なかなか手に入らない情報に感じます。

2つめは「カリギュラ効果」。ホラー映画で「心臓の弱い人は見ないで！」と案内されたら、逆に気になります。カリギュラ効果とは、**〝禁止されると、かえって興味を掻き立てられる〟心理効果**のこと。「本当は教えたくない」は、知ることを禁止されているのが前提の表現です。

3つめは「ツァイガルニク効果」。友達との会話で「あ！　ううん、やっぱりいい」と言われたら、続きが気になりますよね？　**人は完成したものより、未完成のものに興味を持ちます。**「本当は教えたくない」と言われることで、聞き手は強引に、未完成の情報を突きつけられます。

似ている言い換え表現

- **ここだけの話**、起業に資格は役立ちません
- **あまり知られていませんが、**「つみたてNISA」はリスクがあります
- 彼がスピード出世した秘訣を、**こっそり教えます**

URERU IIKAE

79

GOOD

お金が増えます！

〝？〟が似合う表現に変えれば、もっと続きが気になる

←

なぜ、お金が増えるのか？

続きが気になる表現にする、シンプルな方法があります。それは、「？」で終わる表現にすること。「お元気ですか？」と伝えるのではありません。**読み手が気になる答えを隠して表現するのがポイント**です。「ツァイガルニク効果」が働き、読み手の好奇心を刺激できます。

「なぜ、〇〇なのか？」「どうして〇〇なのか？」「〇〇とは？」のテンプレートに当てはめれば難しくありません。たとえば「来年伸びるビジネスを教えます！」ならば**「なぜ、このビジネスが来年伸びるのか？」**「どうして、このビジネスが来年伸びるのか？」**「来年伸びるビジネスとは？」**のように表現できます。

「！」で終わる表現をよくみかけますが、広告ではおすすめしません。大声で売り込まれるような感じになり、読み手が後ずさりします。「！」を使いたくなったら「？」が似合う表現を考えましょう。

「？」を使わなくても、「理由」「方法」「秘密」がピタッとくる表現ならば、同様の効果が得られます。「似ている言い換え表現」をご参照ください。

似ている言い換え表現

「お金が増えます」➡お金を増やす**方法**
「お金が増えます」➡お金が増える**理由**
「お金が増えます」➡お金が増える**秘密**

URERU IIKAE

80

あの問題について、お伝えします

「告白」は、他では聞けない情報を期待させる言葉

←

GOOD

あの問題について、告白します

「告白」を使うと読み手の期待感がアップします。なぜなら、「告白」は、心に秘めていたことを打ち明ける言葉だから。普段知ることができない秘匿性の高い情報を期待させます。

ただし、「告白」は、どのような状況でも使える言葉ではありません。期待値の高い情報を公開するときに効果を発揮する表現です。**「〇〇の告白」という、有名なテンプレートの場合であれば、「〇〇」には、特殊な経歴を感じさせる人を入れてください。**

- 元IT企業社員の告白 ⬇ **元Google社員**の告白
- ある主婦の告白 ⬇ **副業で旦那の収入を超えてしまった、ある主婦**の告白

シンプルに「〇〇について告白します」と表現するならば、「〇〇」には、ターゲットがどうしても真実を知りたがっている内容を入れましょう。たとえば、**「炎上した件について告白します」「新商品のリリースが遅れている件について告白します」**などです。

似ている言い換え表現

「良いことも、悪いことも、すべてお伝えします」「包み隠さず公開します」「白状します」「暴露します」「打ち明けます」「ぶっちゃけます」「本当の話をします」※「炎上覚悟で言います」は、Twitter特有の表現ですが、現在は、それほど効果がないようです

URERU IIKAE

81

最後までお読みください

“読むべき理由”を伝えないと、続きは読まれない

GOOD

普段は公開しない内容なので
最後までお読みください

「最後までお読みください」は、LP（ランディングページ）やブログなど、長い文章を読んでもらうときの最初によく使われる言葉です。動画だと「最後まで見てください」と表現します。ただし、**お願いするだけでは、最後まで読んでもらえません。最後まで読む、または見るべき理由を伝える必要があります。**

「〇〇なので、最後までお読みください」のテンプレートで考えましょう。**「〇〇」には、「最後まで読む価値」を入れます。**この価値が弱ければ効果が得られないので、ご注意ください。

- **特別なプレゼントをご用意したので、**最後までお読みください。
- **初めて公開する情報なので、**最後までお読みください。
- **お得なキャンペーンがあるので、**最後までお読みください。
- **資金繰りに悩む経営者に欠かせない情報なので、**最後までお読みください。
- **この情報はすぐに削除しますので、**今すぐ最後までお読みください。

似ている言い換え表現

- もし、〇〇ならば、最後までお読みください。今から、●●についてお話しします。

↓

もし、資金繰りにお悩みならば、最後までお読みください。今から、**ほとんどの中小企業が使える、助成金についてお話をします。**

URERU IIKAE

82

GOOD

今がチャンス！　お見逃しなく

思いがけず手にした
〝幸運〟は、
なかなか手放せない

←

これを見たあなたは、
ラッキーです

キャンペーンなどの特別な案内をするとき、「今がチャンス」や「お見逃しなく」は、よく使われる表現です。使い古された言葉のため、読み手の注意をつかむには物足りません。

そこでおすすめなのが、特別な案内を「思いがけず手にした幸運」として表現する方法。「特別なチャンスをお伝えします」ではなく、「すでに、あなたは特別なチャンスを手に入れました」と表現します。 すると「保有効果」が働き、読み手はこのチャンスを手放したくないと感じます。

「保有効果」とは、所有しているものを失うことに、強い抵抗を感じる心理効果。「たいして使っていないけど、どうしても捨てられない」「今よりも他社のプランの方が少しお得だけど、乗り換えを躊躇してしまう」などの感情をイメージすれば、わかりやすいでしょう。

私は、オンラインサロンの入会キャンペーンをSNSで案内するとき、**「この投稿を見たあなたはラッキーです」**と表現しています。「思いがけず手にした幸運」で、保有効果を刺激する表現ですが、通常の表現よりも入会者が増えました。

似ている言い換え表現

- **お得なクーポンをお届けしました**（権利失効まで30日）
- あなたには、プラチナ会員専用の特別なプランを利用する**権利があります**
- **おめでとうございます。**あなたは特別なチャンスを**手に入れました**

URERU IIKAE

83

GOOD

必ずお読みください

〝重要〟は、シンプルだけど気になる言葉

【重要】必ずお読みください

メールの件名で使い勝手の良い表現があります。それは「重要」の二文字。シンプルな言葉ですが、重要な情報を見落としたくないのが人間心理です。私は過去に、自社のリストへメルマガやステップメールを配信していました。いろいろな件名でテストをしましたが、**「重要」を加えるだけで、開封率が大きく変わったことが何度もあります。**

ただし、「重要」を、頻繁に使用するのは良くありません。毎回のように「重要」と書かれたメールが届くと、読み手は、重要性を感じなくなります。「重要」は、必ず読んでもらいたいメールのときにだけ使いましょう。

「重要」の二文字は、件名の中で一番目立つように表示してください。**件名の最初に記して【】で囲むと効果的です。**日々たくさんのメールで埋め尽くされる読み手のメールボックスの中で、目立ちやすくなります。「重要なご連絡」「重要なお知らせ」と記す場合も同じです。

× 必ずお読みください（重要） ⇒ ○ **【重要】**必ずお読みください

メールの開封率を高める件名の例

- **【重要】2回目のご案内です** ↓ 連絡回数を伝えて重要度を高める
- **【重要】一度、開封をお願いします** ↓ 未開封のリスクを感じさせる
- **【重要】3日前にお伝えした件について** ↓ 見落としのリスクを感じさせる

URERU IIKAE

84

次に流行るSNSとは？

クイズで読み手を巻き込み、答えを知りたくさせる

GOOD

【クイズ】次に流行るSNSとは？

続きが気になる表現として「問いかけ表現」は効果的です。「○○とは？」のように、表現することで、読み手は、続きが知りたくなります。

この表現法をさらに強化するのが「クイズ形式」の問いかけ。クイズ番組をみるとき、知らない問に、あなたも答えを考えているはず。一度でも自分で答えを考えてしまうと、どうしても正解が知りたくなるものです。自分で考えた答えが正しいかどうか、ウズウズしますよね。その結果、「ツァイガルニク効果」が、より強く働きます。

クイズ形式の問いかけをするときは、案内したい商品と、クイズの内容が紐づくようにしましょう。たとえば、キャッチコピー制作を、チラシ集客に悩む学習塾へ売る場合なら、このようなクイズが必要です。

【クイズ】生徒募集チラシで、もっとも反響に影響するのは？
（A）デザイン　（B）生徒の感想　（C）キャッチコピー

似ている言い換え表現

Q. 生徒募集チラシで、もっとも反響に影響するのは？
【これがわかったら天才】AとBのチラシ、反響がよいのはどっち？
【10秒以内に回答してください】AとBのキャッチコピー、反響がよいのはどっち？

URERU IIKAE

85

GOOD

なぜなら…

いきなり〝感情的な言葉〟を言われると、その理由が知りたくなる

悲しくなりました。なぜなら…

いきなり、感情的な言葉を言われると、読み手は「え？　なにがあったの？」と、続きが気になります。

感情的な言葉は、理由を語る前に添えると特に効果的です。**「悲しくなりました。なぜなら…」「もう、我慢の限界です。なぜなら…」「笑いが止まりません。なぜなら…」「ゾッとしました。なぜなら…」**のように、「感情的な言葉」＋「なぜなら…」の構成で考えましょう。

参考までに、弊社のオンラインサロンを、ＬＩＮＥで案内したときの文章を掲載します。このコピーの反応は高く、ある鍼灸整体院が、Ｆａｃｅｂｏｏｋ広告でこのコピーをマネしたところ、素晴らしい結果が得られました。

（例文）**悲しくなりました。なぜなら**「コピーで結果が変わるわけないだろ」と言われたから。なので、サロンメンバーの成果報告を25件ピックアップした事例集を作りました。
論より証拠。コピーライティングがもたらした成果を、ぜひ、ご覧ください。

似ている言い換え表現

「ごめんなさい」「お願いします」「助けてください」も、理由を語る前に添えると効果的な言葉です。「なぜ、謝るの？」「何をお願いするの？」「なぜ、助けてほしいの？」と、続きが気になる表現だからです。

URERU IIKAE

86

最後まで、お読みください

禁止されると、
逆に気になる

GOOD

最後まで、読まないでください

「売れる言葉を習得したければ、この本を最後まで読まないでください」と言われたら、あなたは何を感じますか？「ここまで読み進めたのに、どういうこと？」とおどろき、その理由が気になるはず。「読むな」と言われているのに、続きが気になりますよね。

175ページでお伝えしたように、人は、禁止されるほど強い関心を持ちます。この心理を「カリギュラ効果」と呼びます。

ただし、何でもかんでも禁止すれば良いのではありません。たとえば、愛煙家に「今すぐ、タバコをやめてください」と呼びかけても、「放っておいてくれ」と思われるだけです。

禁止表現で注目してもらうコツは「意外性」です。読み手から「え？どういうこと？」と思われるような禁止表現を考えましょう。そうすることで、187ページでお伝えした「ツァイガルニク効果」も働き、続きが気になる表現になります。

例

「勉強しなさい！」とわが子を叱るのは、今すぐやめてください

似ている言い換え表現

- お酒をガマンするのは、おやめなさい　※やわらかい禁止表現
- 小さな会社の社長は、家を買うな　※強めの禁止表現
- つみたてNISAは、まだやるな　※新しい情報は「まだ」を添えるとさらに効果的

URERU IIKAE

87

GOOD

誰でも、カッコいいピアノが弾けます

なるべく不利な状況を描写して、意外性を高める

←

60歳からでもカッコいいピアノが弾けます

続きを読んでもらうには「意外性の高い情報」を伝えるのが効果的。意外性を伝える表現としてオススメなのが「〇〇でも、●●できる」のテンプレートです。

重要なのは「〇〇」に入れる情報です。なるべく不利な状況を、具体的に描写することで意外性が高くなり、読み手の好奇心が刺激されます。「●●」には、ベネフィットを入れましょう。

- 誰でも、美味しい焼き魚が作れる ⬇ **初めての方でも、**美味しい焼き魚が作れる
- 誰でも、理想の恋人が見つかる ⬇ **恋愛経験ゼロでも、**理想の恋人が見つかる

「〇〇でも、●●できた」と過去形で表現すると、メッセージの信憑性が高まります。また、「〇〇でも、●●できる（た）方法」と表現すれば、「ツァイガルニク効果」がアップします。

- 初めての方でも、美味しい焼き魚が作れました
- 恋愛経験ゼロでも、理想の恋人を見つける方法

似ている言い換え表現

※「〇〇でも、●●できる」は、問いかけ表現に言い換えることも可能です

- なぜ、初めての方でも、美味しい焼き魚が作れたのか？
- 恋愛経験ゼロの私が、どのようにして、理想の恋人を見つけたのか？

URERU IIKAE

88

GOOD

本を売るには、タイトルが重要です

すこし余白を持たせると、意外な情報がさらに強く伝わる

←

売れる本は、タイトルが9割

わたしは表現に悩んだとき、人気の本のタイトルをリサーチすることがあります。**本の売れ行きはタイトルや帯で変わることが多く、秀逸な表現が多いのです。**「○○は、●●が9割」は、売れているビジネス書でよくみかける表現です。

なぜ、「○○は、●●が9割」が効果的なのか？　その理由は、余白を持たせた表現だから。

次の【A】と【B】を見比べてください。**「すべて」よりも「1割の余白」を持たせた方が、信憑性を感じますよね。**また「9割」という数字表現が、見た目に目立つ効果を高めています。

【A】広告の反応は一言めが**すべて**【B】広告の反応は一言めが**9割**

「○○は、●●が9割」は、意外性の高い要素が、全体のほとんどに影響することを伝えた表現です。**「○○は、●●」には、読み手が「え？　どういうこと？」と思う、意外性の高い情報を入れてください。**そうすることで続きが知りたくなる表現になります。

似ている言い換え表現

○○は、●●で9割決まる ⬇ 広告の反応は、**最初の一言めで9割決まる**

9割の○○は、●●できる ⬇ **9割の不調は、**睡眠で改善できる

けっきょく、●●が9割 ⬇ けっきょく、**習慣が9割**

URERU IIKAE

89

GOOD

伝わる文章の書き方

学校で学べない
内容は、希少な情報を
感じさせる

←

学校では教えてくれない
伝わる文章の書き方

意外な情報を伝えるとき「学校では教えてくれない」の表現もオススメです。ネット記事や本のタイトルなどの情報コンテンツでよく見かける表現ですが、**期待感が高まり、続きを読みたくさせます。**

私たちは、小学校、中学校、高校、専門学校、大学などで多くを学んできました。**「学校では教えてくれない」は、学生時代に費やした時間や努力では手に入らない、希少な情報をイメージさせます。**近い表現法として「教科書では学べない（載っていない）」があります。この表現も、意外性で期待感を高めて、続きを読ませる効果をもたらします。

国語の教科書では学べない、伝わる文章の書き方

「学校」を「信用力が高そうな別のもの」に換えて表現することも可能です。この場合「教えてくれない」は、別の表現にしても大丈夫です。「似ている言い換え表現」をお読みください。

似ている言い換え表現

- **日本の銀行では教えてくれない、**資産運用法
- **顧客アンケートでは手に入らない、**お客様の本音
- **ネットのクチコミやSNSではわからない、**ひそかに流行っているお店

URERU IIKAE

90

GOOD

期待を裏切りません

よく聞く言葉の
〝逆〟を言われると、
続きが気になる

←

期待を裏切ります

「大好評」「大歓迎」「乞うご期待」など、広告では、よく見るコトバがあります。そのまま使うのも悪くありませんが、**あえて逆の表現をすることで、読み手の注意をつかむパワフルな言葉に化けることがあります。**

例文の「期待を裏切りません」は、使い古された表現のため、コトバ自体にたいしたパワーはありません。まるで、ハンバーグ弁当に添えられたパセリのような位置づけです。

しかし、**「期待を裏切ります」**と言われるとどうでしょうか？「え？どういうこと？」と期待感が高まり、続きが気になりますよね。

「この表現、よく見るな」「いつもこの表現を使っちゃうよな」と思うことがあれば、あえて、逆の表現を考えてみてください。これまで思いつかなかった、斜め上を行く表現に出会えます。

- 大好評 ⬇ **ごく一部の方には不評です**
- 大歓迎 ⬇ **こんなお客様は歓迎できません**

逆張り表現のおもしろい事例

「まずい！もう一杯！」で有名な「キューサイ青汁」の広告をご存じでしょうか？　昔の広告ですが、飲み物の宣伝で「まずい」なんて、誰も使いません。しかし、**衝撃的なワンフレーズが、多くの注目を集めました。**

URERU IIKAE

91

GOOD

集客しやすいSNSとは？

「どっちかな？」と考えさせて、続きを読んでもらう

インスタと、ツイッター
集客しやすいのは、どっち？

情報を2つ並べて「AとB、●●なのはどっち？」と尋ねると、続きを読んでもらいやすくなります。199ページでお伝えした「クイズ形式」に近い表現ですが、**一度でも自分で答えを考えはじめると、どうしても正解が知りたくなる**からです。

AとBの2つが並ぶことで、注目の窓口が広がるのもメリット。右の例文だと「インスタ運用に興味がある人」と「Twitter運用に興味がある人」の両方に注目してもらえます。

この表現のポイントは、AもBも、読み手が気になっている内容であること。そして、AとBは、その違いや優劣が、たびたび比較される情報であること。そうでなければ、比較情報としての価値が薄くなり、読み手は興味を持ってくれません。

- **アドアフィリエイトとブログアフィリエイト、**簡単なのはどっち？
- **ランサーズとクラウドワークス、**仕事が取りやすいのはどっち？
- **ノートPCとデスクトップPC、**コスパが良いのはどっち？

似ている言い換え表現

- AとBの違いとは？ ⬇ Yahoo!広告**と**Google広告**の違いとは？**
- A VS B ⬇ ChatGPT **VS** 現役WEBライター

第12章

不安や恐怖を突き刺す

読み手を動かすには、魅力的なベネフィットを伝える言葉が欠かせません。それとおなじく重要なのが、不安や恐怖を刺激する言葉です。

不安や恐怖は、人の行動に強く影響します。場合によっては、魅力的なベネフィットよりも人の感情を動かします。

投資するときで考えてみてください。「もっとお金が増えたらいいな」と思うと同時に「失敗したらどうしよう」と不安になるでしょう。投資額が大きければ大きいほど、その不安は強くなり、あなたの判断に影響をもたらします。

この章では「読み手の不安や恐怖を突き刺す言い換え表現」をご紹介します。「失敗したくない」「取り残されたくない」「間違えたくない」「失いたくない」「だまされたくない」「損をしたくない」「恥をかきたくない」などの強い感情を刺激して、読み手を振りむかせる表現法です。やりすぎると、読み手から良い印象を持たれないため、注意してご活用ください。

URERU IIKAE

92

GOOD

はじめての助成金申請

〝失敗したくないこと〟ほど、この表現が効く

失敗しない、
はじめての助成金申請

「失敗しない○○」は、セールスコピーでよく使われる効果的な表現の1つ。**この表現で重要なのは「失敗しがちなこと」や「絶対に失敗したくないこと」について語ること。**失敗のリスクが低い内容だと、「失敗しない○○」は、途端に色あせます。例文を見ると明らかですが、読み手の強い不安や恐怖に触れるからこそ、この表現は響きます。

- 失敗しがちなこと

× 失敗しないキャンプ ⇒ ○ 失敗しない、**はじめてのソロキャンプ**
× 失敗しないカレーの作り方 ⇒ ○ 失敗しない、**無水カレーの作り方**

- 絶対に失敗したくないこと

× 失敗しないデート ⇒ ○ 失敗しない、**はじめてのデート**
× 失敗しない100円投資 ⇒ ○ 失敗しない**不動産投資**

似ている言い換え表現

- 「○○で失敗しない方法」⇒ **大切な試合で失敗しない**テニス**上達法**
- 「これなら○○に失敗しません」⇒ **この営業法なら、**大切な商談で**失敗しません**
- 「絶対にはずさない○○」⇒ **絶対にはずさない、**初デートのおすすめコーデ

URERU IIKAE

93

GOOD

フリーランスの節税術

〝取り残されたくない感情〟を、刺激する

←

やっていないのは、あなただけ？フリーランスの節税術

有益な情報を聞かされたとき「え！　まだやってないの？」「知らなかったの？」と言われたら、途端に不安になってしまいます。その理由は「取り残されたくない感情」が、強く刺激されるから。この「取り残されたくない感情」は、近年「ＦＯＭＯ」として注目を集めています。ＦＯＭＯ（フォーモ）とは、「Fear Of Missing Out」の略。取り残されることや、見逃すことへの恐怖や不安を意味します。「ＦＯＭＯ」は、ＳＮＳの普及によって、深刻化が進んだと言われます。**ＳＮＳから日々流れてくる情報によって、私たちは、他人と自分を比較する機会が増えました。**それにより、**劣等感や疎外感を得ることが増えています。**

やりすぎると反感を買いますが、**「取り残されたくない感情を刺激する言葉」＋「有益な情報」は、読み手の注目を集めるうえで効果的な表現です。**

- **やっていないのは、あなただけ？**
  ↓
  取り残されたくない感情を刺激する言葉
- **フリーランスの節税術**
  ↓
  有益な情報

取り残されたくない感情を刺激する表現例

- まだ、〇〇しているの？ ↓ **まだ、紙で契約しているの？**
- まだ、〇〇していないの？ ↓ **まだ、電子契約していないの？**
- まだ、〇〇を知らないの？ ↓ **まだ、クラウドサインを知らないの？**

URERU IIKAE

94

GOOD

正しい、業務委託契約書とは？

“間違えたくない感情”を、刺激する

←

業務委託契約書で
こんな間違いをしていませんか？

読み手の間違いを指摘したいとき、「○○で、こんな間違いをしていませんか？」は、効果的な表現法です。「こんな」という表現が、読み手から「どんな？」の反応を生むため、続きが気になる状態へ導けます。

「○○」には、**「間違えたときのリスクが大きいこと」を入れてください。**217ページでお伝えした「失敗しない○○」と似た表現ですが、間違えたときのリスクが大きければ大きいほど、この表現は響きます。**「正しいかどうか、確信が持てないこと」を入れるのも有効**です。

- 間違えたときのリスクが大きいこと
相続税対策で、**こんな間違いをしていませんか？**
- 正しいかどうか、確信が持てないこと
キャッチコピーで、**こんな間違いをしていませんか？**

似ている言い換え表現

- 失敗しない○○ ⇒ **失敗しない**相続税対策
- ○○で本当に大丈夫ですか？ ⇒ そのキャッチコピーで、**本当に大丈夫ですか？**
- ○○だけで、安心ですか？ ⇒ 年金**だけで、安心ですか？**

URERU IIKAE

95

GOOD

若返る睡眠

←

老ける睡眠

「失う痛み」を訴えたほうが、響くことがある

その昔、ある会社が、化粧品の通販広告でこんなテストをしました。

- 広告A「手に入る肌の潤い」を語るキャッチコピー
- 広告B「失われる肌の潤い」を語るキャッチコピー

広告Aでは「得る喜び」を訴え、広告Bでは「失う痛み」を訴えています。

一回目の広告テストで反応が良かったのは、広告A（得る喜び）でした。ところが、別の広告媒体でおなじ広告テストをすると、広告B（失う痛み）が勝ちます。

このテストで、2つのことが明らかになりました。1つめは、「得る喜び」と「失う痛み」は、どちらも強いこと。2つめは、「得る喜び」と「失う痛み」のどちらが求められるかは、状況によって異なること。**もし、「得る喜び」を訴えても、それほど反応が良くなければ「失う痛み」を訴えるのも一手です。**

「得る喜び」→「失う痛み」の言い換え例

- お金が増える投資 → **お金が減る投資をしていませんか？**
- 筋肉が増える食事 → **筋肉が減る食事をしていませんか？**
- 好かれる接客 → **嫌われる接客をしていませんか？**

URERU IIKAE

96

つみたてNISAの真実

強い言葉で、
〝だまされたくない
感情〟を刺激する

←

GOOD

つみたてNISAの落とし穴

損得がハッキリしている分野の場合、読み手の「だまされたくない感情」を刺激することで、好奇心を強く掻き立てることができます。

「だまされたくない感情」を刺激するには、読み手が知らなそうな秘密を「強い言葉」で匂わせること。たとえば、**「〇〇の落とし穴」「〇〇のウソ」「〇〇の闇」「〇〇の裏側」「〇〇の罠」**などがあります。

219ページでお伝えした**「取り残されたくない感情を刺激する表現」を併用すると、さらにその効果は強力になります。**ただし、言葉が強くなりすぎて、読み手が不快になるリスクが高いのでご注意ください。読み手から嫌われたら、元も子もありません。

● 「取り残されたくない感情を刺激する表現」を併用した例

つみたてNISAの落とし穴
↓
まだ、知らないの？ つみたてNISAの落とし穴
↓
知らないのは、あなただけ？ つみたてNISAの落とし穴

「だまされたくない感情」をさらに強く刺激する表現例

● 知らなければ損する ↓ **知らなければ損する**、仮想通貨の落とし穴
● 〇〇なら、みんな知っている ↓ **FPならみんな知っている**、生命保険の闇
● 〇〇しか知らない ↓ **不動産会社しか知らない**、査定の裏側

URERU IIKAE

97

GOOD

転職で得する方法

“良い”と“悪い”のW訴求が、好奇心を掻き立てる

←

転職で得する人、損する人

人は、「良い話」だけではなく「悪い話」にも興味を持ちます。単純に好奇心によるものもありますが、自分に関する悪い話だと、その重要度はアップ。**自らに起こりえるリスクを防ぐためにも、「悪い話」は、知っておかなければならない情報になります。**

この心理を活用したのが、「良い話」と「悪い話」を同時に伝える表現。「良い話」だけを伝えるとありきたりな表現になったり、「悪い話」だけを伝えると煽り感が強すぎたり、そんな時におすすめの表現です。

「良い話」と「悪い話」の両方があると、偏りのないクリーンな印象が備わり、情報の信憑性がアップします。また、「良い」と「悪い」の差が生まれた理由が気になるため、「ツァイガルニク効果」が働き、読み手を引き込めるようになります。

- 賢い住宅ローン（良い話）⇩住宅ローンで**得する人、損する人**
- 仮想通貨の落とし穴（悪い話）⇩仮想通貨で**得する人、損する人**

似ている言い換え表現

- 良い○○、悪い○○ ↓ **良い**褒め方、**悪い**褒め方
- 好かれる○○、嫌われる○○ ↓ **好かれる**言葉、**嫌われる**言葉
- ○○で（に）笑う人、泣く人 ↓ 定年後に**笑う人、泣く人**

URERU IIKAE

98

GOOD

できる営業マンのトーク術

“これをやると損するよ”と伝える

←

できる営業マンが絶対に使わない言葉

有益な情報を伝えるとき、その価値をストレートに表現するのは、悪くない方法です。ただし、ありきたりな表現になることは、少なくありません。**どうしてもインパクトに欠ける表現になってしまったら、おすすめの方法があります。それは、「やってはいけないこと」を伝える表現法。**

「これをやれば上手くいきますよ」ではなく、「これをやると損するよ」と表現してください。

読み手の不安と好奇心が刺激される、インパクトの強い表現が生まれます。

- やってよかったことベスト3 ⬇ **やめてよかったこと**ベスト3
- 睡眠を改善する7つの方法 ⬇ 睡眠改善**でやってはならない**7つのこと
- 信頼できるリフォーム業者とは？ ⬇ **信じてはいけない**リフォーム業者とは？
- 歯医者が信用する歯磨き粉 ⬇ 歯医者**が絶対に使わない**歯磨き粉
- 肌がキレイな人が食べているもの ⬇ 肌がキレイな人**が食べないもの**

添えるとさらに効果が高まる言葉

- **もっと早く知りたかった。**信じてはいけないリフォーム業者とは？
- **うそでしょ？** 歯医者が絶対に使わない歯磨き粉
- **これは意外。**肌がキレイな人が食べないもの

URERU IIKAE

99

GOOD

SNS集客が、
上手くいかない方へ

“そのままで、本当に大丈夫？”と、
問いかける

上手くいかないSNS集客を
まだ、続けますか？

読み手の不安を刺激して、振り向かせたいときは、「〇〇を、まだ、続けますか？」の表現が使いやすくておすすめです。「〇〇」には、読み手の不安要素を入れます。**「本当にこのままでよいのか？」「続けるべきか、やめた方がよいのか？」「もっと何か良い方法はないのか？」**などの読み手が抱える不安を突き刺しましょう。

挑発的な表現のため、言葉が強すぎると、ユーザーが不快になることもあるので、ご注意ください。大切なことなので何度も言いますが、**読み手に嫌われたら元も子もありません。**嫌われたら、読んでくれる人が減るだけです。

- 単価の低いWEBライティング**を、まだ、続けますか？**
- ストレスがたまる糖質制限**を、まだ、続けますか？**
- モテないカラダ**を、まだ、続けますか？**（煽りが強すぎて危険）
- 誰からも認められない生活**を、まだ、続けますか？**（煽りが強すぎて危険）

似ている言い換え表現

- それでもまだ、〇〇しますか？ ↓ **それでもまだ、SNSで集客しますか？**
- なぜ、〇〇を続けるのですか？ ↓ **なぜ、安い仕事を続けるのですか？**
- 〇〇は、もう、やめませんか？ ↓ 糖質制限**は、もう、やめませんか？**

URERU IIKAE

100

GOOD

よく使われるビジネス用語30選

“恥をかきたくない感情”に訴える

←

今さら聞けないビジネス用語30選

想像してください。親友の結婚式でスピーチを任されたAさん。困りました。Aさんは、大勢の前でスピーチをした経験がないのです。どんなことを話せばよいのか？　堂々と話せるだろうか？　Aさんの不安は尽きません。

ここで質問です。なぜ、Aさんは、不安なのでしょうか？　晴れやかな場をマズイ雰囲気にしたくないからでしょうか？　新郎新婦や親族に、恥をかかせたくないからでしょうか？　もちろん、そういった不安もあるでしょう。ですが、**不安になる一番の理由は、「自分自身が、恥をかきたくないから」**ではないでしょうか？

日本人は特に、世間体や、周りからどう見られるかを気にする国民と言われます。そのため「恥をかきたくない感情」に訴える表現は効果的。

例文の「今さら聞けない〇〇」は、恥に気づかせる表現です。「〇〇なら知っておきたい」（例：WEBデザイナーなら知っておきたい広告用語）も似た表現ですが、もっとストレートに語る表現も効果的です。「似ている言い換え表現」をご参照ください。

似ている言い換え表現

恥ずかしい〇〇 ↓ **恥ずかしい敬語**
知らないと恥をかく〇〇 ↓ **知らないと恥をかく、**冠婚葬祭のマナー
〇〇に恥をかかせたくない方へ ↓ わが子**に恥をかかせたくない方へ**

おまけ

Twitterでよく見る言葉

Twitterをビジネスに活用する人が増えました。

私も、認知拡大やファンづくりを目的にTwitterをビジネス運用しています。

そのため、日ごろから、「いいね！」やリツイートが多いツイートを分析していますが、これらの言葉で始まるツイートが伸びていることがわかりました。


「耳の痛い話かもしれませんが」

「残念なことに」

「え？　どういうこと？」

「これは本気でヤバい」

「これはガチ」

「ハッキリ言いますが」「ハッキリ言って」

「断言しますが」

「ぶっちゃけますが」

「ここだけの話ですが」

「あまり知られていませんが」

「マジで言いますが」「マジな話」

「大切なことなので、何度でも言いますが」「何度でも言いますが」

「勘違いしている人が多いけど」「勘違いしているかもしれませんが」

「教えてください」

「泣きました」


いたるところで使用されているため、これらの言葉を見た瞬間、うんざりしてしまう方もいます。しかし、読み手を注目させ、続きが気になる表現なので、上手に使用したいところです。

おわりに

～AI×言葉力で、誰もが売れる言葉を手にする時代へ～

2023年の1月ごろでしょうか、クリエイター界隈を大きくにぎわすニュースが飛び込んできました。「ChatGPT」や「Bing AI」などのAIの登場です。

わたしも、使ってみましたが、すごいですよね。AIは、今後も飛躍的に進化して、人々のクリエイティブワークに、大きな変化をもたらし続けるでしょう。

本書でお伝えした「売れる言葉の考え方」や「表現技術」は、AIを使って言葉を考えるときにも、効果を発揮します。AIがだした言葉を、もっと魅力的に磨くときに使えるからです。つまり、本書で学ぶ内容と、AIを使いこなせば、あなたは、もっと魅力的な言葉を、もっと早く、もっとたくさん作れるようになるのです。

たとえば、「Bing」に、「小顔メイクのキャッチコピーを考えてください」と入れると、次の回答が得られました（2023年3月13日時点で「Bing AI」から得られた回答）。

Q「小顔メイクのキャッチコピーを考えてください」

↓「小顔メイクで自信を持とう。あなたの魅力を引き出そう」

↓「小顔メイクで人生が変わる。新しい自分を発見しよう」

↓「小顔メイクで自分を表現する。あなたの個性を輝かせよう」

⬅

Q「もっと魅力的に表現してください」

↓「小顔メイクで、あなたの美しさを最大限に引き出そう」

↓「小顔メイクで、自信に満ちた新しい自分を発見しよう」

↓「小顔メイクで、あなたの個性が輝く。今すぐ体験してみませんか？」

こうしてできあがった言葉を、もっと魅力的にできるかどうか、考えてみましょう。

私ならば、本書でお伝えした「ずるい○○」の表現（111ページ）を加えて、もっとインパクトの強い表現にします。

↓ちょっとズルい小顔メイクで、あなたの美しさを最大限に引き出そう

さらに、本書で学んだ「本当は教えたくない（187ページ）」と「?が似合う表現（189ページ）」、を加えると、もっと続きが気になる表現になります。

↓本当は教えたくない、ちょっとズルい小顔メイク
あなたの美しさを最大限に引き出す方法

ダメ押しで「マジカルナンバー3（49ページ）」を入れると、説得力もアップします。

↓本当は教えたくない、ちょっとズルい小顔メイク
あなたの美しさを最大限に引き出す3つの方法

本書で学んだあなたならば、これと似たようなことは、すでにできるはず。

AIがライターならば、「売れる言葉の考え方」や「表現技術」を習得したあなたは、スゴ腕の編集者。ＡＩとあなたの二人三脚で、もっと素晴らしい言葉を生むことができます。

ＡＩ×人間の言葉力が、コピーライティングを、さらに上のステージへ成長させる。そして、言葉で損している人がたくさん救われる。

これまで日陰に潜んでいた素晴らしい商品やサービスが、どんどんスポットライトを浴びる。

そんなぶっ飛んだ未来にワクワクしています。

大橋一慶

大橋一慶（おおはし・かずよし）

セールスコピーライター
レスポンスアップの"鬼"
「売れるコトバ作り」の専門家

株式会社みんなのコピー代表。
2002年、ネット広告のベンチャー企業に入社して以来、
大手ADSLプロバイダーの見込み客リストを10万件以上獲得するなど、
多くのWEBプロモーションを成功させる。
独立後はセールスコピーライターとして、
1,000件以上の広告に携わり、総計100億円以上の売上に貢献。
反応がシビアに計測される「レスポンス広告」の世界で、
ネット・紙媒体を問わず、多くの案件を成功に導く。
なかでも「売りにくい商品を売ること」が得意で、
学習塾、リフォーム、不動産、保険など、差別化が難しく、
広告の反応が冷え切っている業界でも、
クライアントの笑いが止まらない驚異的なレスポンスを叩きだす。
2020年、オンラインサロン『ポチらせる文章術 実践ラボ』を開設し、
レスポンスアップに成功するメンバーが続出。
変態的なまでに結果にこだわり、
近年は、磨き続けたセールスコピーの技術を広める活動にも励む。
趣味は釣りとギター。
著書に『ポチらせる文章術』『セールスコピー大全』（ともに、ぱる出版）がある。

ブックデザイン　萩原弦一郎（256）
イラスト　小針卓己／シュガー
校正　玄冬書林
編集　内田克弥（ワニブックス）

「ふ～ん」が「これ欲しい！」に変わる
売れるコピー言い換え図鑑

2023年10月1日　初版発行
2023年11月1日　2版発行

著　者　大橋一慶
発行者　横内正昭
発行所　株式会社ワニブックス
〒150-8482 東京都渋谷区恵比寿4-4-9 えびす大黒ビル
ワニブックスHP　http://www.wani.co.jp/
（お問い合わせはメールで受け付けております。HPより「お問い合わせ」へお進みください）
※内容によりましてはお答えできない場合がございます

印刷所　美松堂
ＤＴＰ　三協美術
製本所　ナショナル製本

ISBN 978-4-8470-7327-4

WANI BOOKOUT　http://www.wanibookout.com/
WANI BOOKS NewsCrunch　https://wanibooks-newscrunch.com/